点亮艺术之眼

——伟大的博物馆

The Chapel of St John the Baptist in the Church of São Roque

里斯本圣罗克博物馆中的
圣约翰礼拜堂

〔葡萄牙〕特蕾莎·莱昂诺尔·M. 瓦莱 编著

王秀莉 译

上海三联书店

目 录

前　言

　　葡萄牙引以为傲的一点是，它是沟通世界的桥梁，令世界上的人、世界上不同的大陆联系更加紧密，无须担忧距离、海洋和差异的隔阂。葡萄牙曾经是一个处于边缘地区的小国，然而因为直接连通着亚洲、非洲和美洲而成了一个巨大的商业帝国。不过，在 15 世纪和 16 世纪之交所发生的变化，并不仅仅停留在单纯的财富和繁荣层面。大量人口向首都的流动最终引发了诸多社会问题，包括贫穷和排外。

　　正是在这样的历史背景下，在一个剧烈而充满活力的变革时期，仁慈堂创建于 1498 年的里斯本。这是一个处于国王直接保护之下的兄弟会，创建的目的是向最贫寒的人提供援助。之后没多久，相似的机构纷纷涌现，遍及全国乃至海外，从里约热内卢到澳门。葡萄牙的仁慈堂是第一个活动范围遍及全球的社会援助机构，直至今日，它们依然发挥着重要作用。里斯本是葡萄牙的首都，也是社会问题最集中的地方，在这里，仁慈堂的活动意义重大，如今它依然是葡萄牙国内最重要的机构之一，拥有多层面的资助系统，证明其依然能够适应不断变化的、新的社会需求。

　　因此，里斯本仁慈堂一直都受到国家的保护。1755 年，仁慈堂的建筑在地震中毁坏，迁址重开，其新址成为耶稣会的总部，其中也包括圣罗克教堂。里斯本的上城区和低地区中间是城市的历史中心，而历史中心的核心，便是耶稣会总部，这里因其美轮美奂的建筑和充满活力的历史文化而广受赞誉。

　　如今，耶稣会的建筑已经是首都最大型的历史古迹之一，不仅因为这里是重要宗教教派总部的所在地，同样因为这里包含了 16 世纪至 18 世纪葡萄牙最优秀的艺术杰作。施洗者圣约翰礼拜堂便是这片古迹中的一个杰出代表，由葡萄牙的君主若昂五世委托罗马的工匠完成。加之其中保存的金银器皿和仪式法衣等绝妙珍宝，因而成为 1905 年成立的圣罗克博物馆的基础。

　　一直以来，里斯本仁慈堂都投入了全力，以尽可能呈现出葡萄牙文化遗产最佳的面目，最近，又一个影响深远的项目正在进行——对施洗者圣约翰礼拜堂进行全面的重新勘察、修复，并创建详尽的档案资料，有计划地进行研究、修复并弘扬我们的遗产。

　　本书是对葡萄牙国内近年出版的研究内容的总结，旨在将关于这个巴洛克历史古迹的最新信息呈现给公众，回应这个由王室兴建的建筑本来的历史目标——在不同的文化、时代和关系之间建立桥梁，令它们更加紧密。

佩德罗·桑塔纳·洛佩斯
（里斯本仁慈堂理事）

引 言

　　2006 年，隶属于里斯本仁慈堂的圣罗克博物馆启动了一项工程，旨在对施洗者圣约翰礼拜堂进行完整且综合性的研究。这项工程包含了一系列不同的组成部分，其中的科学研究能帮助我们更深入、更全面地了解这座礼拜堂本身的卓越艺术——这些都反映在后续发表和出版的著作中——此外，还有对此处古迹的多方面、多角度、范围更广的保护和修复，这些工作同样也丰富了我们关于这座礼拜堂的知识。

　　研究工程和修复活动相互关联，促成了 2015 年一部资料详尽的专著的出版，构成了有史以来对里斯本圣罗克教堂内的施洗者圣约翰礼拜堂的最全面、最综合性的研究，不仅涉及礼拜堂的委托和修建工程的过程，还包含了属于礼拜堂的收藏。

　　施洗者圣约翰礼拜堂是受葡萄牙君主若昂五世的委托，于 18 世纪 40 年代完全在罗马建造。其在历史、文化和艺术方面的巨大意义，无论是从葡萄牙国内来讲，还是从全世界来讲，都值得拥有一部专著，一部对礼拜堂可获得的资料进行深入研究、系统性总结的文集。当前的研究极大地拓展了早前的一些著作的研究范围。在那些早期著作中，特别值得一提的是索萨·维泰尔博和维森特·德阿尔梅达出版于 1900 年的先驱性著作（《耶稣会创建、现属于仁慈堂的圣罗克教堂内的施洗者圣约翰礼拜堂——历史和现状档案》），以及玛丽亚·若昂·梅代拉·罗德里格斯出版于 1989 年的著作（《施洗者圣约翰礼拜堂及其收藏》）。

　　在我们科学化的、编辑者视角的监督下，本书集结并整合了诸多享誉盛名的葡萄牙和意大利不同艺术领域的学者、专家的研究，内容围绕着这座礼拜堂和它堪称艺术代表的收藏：建筑、雕塑、马赛克、金属制品、金银器、纺织品、蕾丝制品、家具、书籍等。

　　精彩绝伦的照片资料为本书增添了亮点，本书是这项研究的集大成之作，并且在所有内容上都遵循了同样的科学化的严格标准，确保对施洗者圣约翰礼拜堂的综合性理解不仅在学术界能得到推广，而且还可以传播给普通大众，他们必然也会沉迷于这独一无二的建筑和艺术的杰作的超凡之美。

特蕾莎·莱昂诺尔·M.瓦莱

mezzo giorno

第一部分

工程委托

一座为葡萄牙君主建造的礼拜堂：关于一项 规模浩大的委托工程的有争议的历史

历史、传奇和史籍记载

施洗者圣约翰礼拜堂的故事，始于 1742 年传达给葡萄牙驻罗马大使的一项指示："陛下希望能尽快完成一项设计，由目前能在罗马找到的最好的设计师完成。"[1] 1747 年，这件杰作本身及其中的珍宝被船运至葡萄牙，谱写了故事的高潮[2]。礼拜堂从很早就被公认为具有无可置疑的艺术价值的集大成之作[3]，不过，没过多久，关于它的历史便因为 19 世纪初期克劳迪奥·达孔塞桑修士所著的《历史珍品收藏》中提及的传说而变得扑朔迷离。

根据克劳迪奥修士的说法，国王在造访旧的耶稣会教堂（图 1）时，注意到了大多数礼拜堂中的奢华陈列与献给施洗者圣约翰的礼拜堂中的寒酸面貌的强烈对比。由于圣约翰是国王的守护圣人，所以国王决定将这座礼拜堂纳入自己的庇护中。相关的设计草图完成并通过之后，便在罗马付

第 12-13 页：
里斯本皇宫和主教大教堂速写
菲利波·尤瓦拉，1719
（参见图 5）

图 1
圣罗克教堂内部概貌

图2
《国王若昂五世（施洗者
圣约翰）的寓言》
蚀刻版画，黑白双色
查理·德罗什福尔（雕版），
皮埃尔－安托万·基亚尔
（绘制），1732年作于里斯本
藏于里斯本葡萄牙国家图
书馆（ref. E.693A）

诸建造、组装，并被祝圣。祝圣仪式由教皇本人亲自完成，诸多名人云集于礼拜堂内。然后，礼拜堂又被拆解开，运送至葡萄牙，在为其预留的地点安置完成，于1751年首次向公众开放——国王若昂五世已经在六个月前过世，未能赶上这一幕。[4]（图2）

礼拜堂从一开始就引来了人们的交口称赞，不仅因其无与伦比的奢华和建造过程的高超精妙[5]，同样因为它被看作"葡萄牙艺术中独一无二的杰作"[6]，"开新古典主义先河的丰碑"[7]，甚至被认为全面化地展现了当时葡萄牙保守传统的巴洛克风格与影响了罗马艺术创作的革新性的古典复兴原则之间的审美冲突。[8]

事实上，近些年来，施洗者圣约翰礼拜堂再次得到了评论界的关注。

政治、外交和信仰

然而，克劳迪奥修士所记录的虔诚故事，并未经受住批评界的审视。他的记述中包含了许多有争议的内容，而其中最具争议的一点，恰好是这个故事的基础：礼拜堂被认为是献给君主的守护圣人的。[9]这不可能不引起最早研究礼拜堂的重要历史学家索萨·维泰尔博的关注，而事实上，文献中明明白白地记载了礼拜堂是献给圣灵的。[10]因而，很明显，将礼拜堂与国王的名字神奇地联系在一起的，只是一道圣旨，是为了提升国王的威信——就和他的祖辈曼努埃尔一世在两百年前的所作所为一样。[11]

事实上，这种暗示君主身份的做法，是刻意提升王权的行为的一个组成部分，马夫拉皇家大教堂中的圣坛[12]（图3、图4）的建筑设计，同样也为这种行为构建了一个坚实的舞台。有鉴于此，我们就必须以完全不同的眼光来审视这座奢华的礼拜堂复杂的建造过程以及在此过程中所做出的选择。

然而，有一个事实是无可争辩的：认为这座礼拜堂是"葡萄牙艺术中独一无二的杰作"[13]的传统论调是错误的。实际上，在若昂五世统治时期，在象征和意识形态体系的变革中心进行着更大规模的工程，这座礼拜堂仅是这项工程的一部分，此外还包括1716年建造的主教大教堂，工程焦点是里贝拉宫中的皇家礼拜堂。根据如今我们对这项庞大工程的了解，鉴于

图 3
马夫拉皇宫正面

其与施洗者圣约翰礼拜堂之间审美上的相似性[14]，及其巨大的规模，施洗者圣约翰礼拜堂必须被视作是主教大教堂的附属品或次要部分。[15]

托马斯·德阿尔梅达是里斯本的首位大主教，也是耶稣会神父们公认的知识分子信徒[16]，他试图在里斯本重建罗马的耶稣会中央教堂和教皇大教堂共同确立的仪式关联，考虑到他要将自己的里斯本教区神化为"西方罗马"这一思想背景，这一举动具有重大意义。

这些工程委托，既包含政治用途，也包含礼拜仪式用途，通过同样的外交渠道在"永恒之城"罗马同时运作，被委派给了相同的艺术家群体。它们也是基于相同的目标：为了若昂·弗雷德里科·卢多维塞主导下的主教大教堂工程。[17]罗马建筑师尼古拉·萨尔维和路易吉·万维泰利是圣约翰礼拜堂的设计者，同样也是主教大教堂工程的参与者；此外，礼拜堂

图 4
马夫拉皇家大教堂的高
祭坛

工程的过程中有一个鲜明特点，便是反复出现的对罗马递交来的设计进行批评和拒绝的插曲，而大教堂等工程中也都发生过相同的插曲，这是里斯本和教皇之城之间非常特别的"设计对话"。[18]

毫无疑问，这项委托之所以选择罗马，是由于罗马在国际外交中的焦点位置，特别是考虑到这里的天主教势力。从一开始，罗马便是葡萄牙阿维斯王室（即若昂王朝）的外交政策投入巨大精力的核心对象，自然，艺术层面的外交也是如此。国内的工程中有很多迅速而明确无误地成了国家认同和政治宣传的工具，而这些工程中涉及的重要艺术作品和艺术家的身上都能反映出上述外交投入。[19]严格的政治和外交属性上的关系——以及相关的紧张局势——与更加具体的文化和艺术上的关系纠缠在一起，不可分割。[20]

三项工程委托（主教大教堂、施洗者圣约翰礼拜堂，以及其珍宝[21]）都恰好发生在葡萄牙君主被冠以"最忠诚的陛下"这个称号之时，特别是关于葡萄牙王室收入严重下降的谣言开始传播之时，这并非巧合——因为有必要在国际外交的中心舞台罗马将谣言扼杀在萌芽状态中。

在这样的背景下，由与主教大教堂相同的作坊着手施工，采用相同的规划统筹管理，以及同样令人震撼的审美革新来修建这座美轮美奂的礼拜堂，的确是一个附属的、次级的规划，其核心目的在于加强巩固若昂五世的统治所迫切需要的政治和外交影响力：给里斯本的王廷配备一个符合他们的野心的宗教仪式场所，同时为葡萄牙王室的威望提供国际上的肯定，展示无尽的财政能力，以消除所有怀疑。

这便是礼拜堂修建的历史背景——是利益与重大事件共同作用的结果。在这样的背景之下，不仅在里斯本和罗马之间围绕礼拜堂的兴建的独一无二、复杂且充满争执的过程可以得到解释，而且也解释了为什么这小小的"一座马赛克礼拜堂,尽可能做到最好"，转变为了名副其实的珍宝——金、银、珠宝、法衣和宗教仪式器物等杰作的轴心，构成了"当时意大利装饰艺术的最重要的博物馆之一"。[22]

从主教大教堂到施洗者圣约翰皇家礼拜堂

里贝拉宫皇家礼拜堂在教会的后期规划中，于1710年转变为牧师会教堂，又在1716年变为主教大教堂，最终在1746年重新祝圣时实现了最重要的转变，由于存在上述变化，回溯一下这个变迁过程是至关重要的。

事实上，在一个以宗教标准来衡量社会地位的国家中，王室想要扮演自己的角色，就必须身处现实的场所中，而这个场所本身不需要任何浮夸的成分，但王室无法抗拒利用宗教仪式来为自己牟利，宗教仪式与宫廷仪式之间存在的明显的相似之处又为其提供了便利。[23]大型宗教仪式的舞台可供君主以非常辉煌的方式来安排王室的日常生活，且不必担心需要向贵族过多妥协——同时，教会的忠诚度也会因与王室的联系得到巩固，甚至会越来越从属于王室政治。

当时的背景的确极为戏剧性，1640年葡萄牙重获独立，16世纪至17世纪法国教会被高卢主义搅得动荡不安，葡萄牙首次有可能组建自己本国的教会体系，从管理上独立于罗马教皇的权威。葡萄牙的目标是要使本国教会隶属于一个宗主教的权威下，仅在教条和道义层面从属于罗马教廷。[24]半个世纪之后，这个问题又一次显现出来——这时的背景是要巩固君主的绝对权威。主教大教堂在里贝拉皇宫的皇家礼拜堂的位置上兴建起来，处于主教的权威之下，有效地令新首都西里斯本具备了"小梵蒂冈"的宗教面貌。[25]不过，在此之前并没有特别宏伟的工程。葡萄牙卷入了西班牙王位继承战争，随之而产生的各种经济上的困难和社会上的不稳定，令君主重视的重建计划遭遇了持续性的阻碍，进行中的改革很可能因环境造成的协调不畅而受到影响。

而这个过程事实上却造福了正在卢多维塞指挥下进行的马夫拉女修道院的修建工程：这项工程启动之时，皇家礼拜堂的宗教地位得到了提升，1721年至1722年，修道院的规划也发生了彻底的变化，建筑面积增加至原来的四倍，成为一个罕有的集皇宫、皇家教堂、王朝先贤祠、修道院、大学和图书馆于一体的综合体。若昂五世想要打造出的这座象征皇家权威的建筑，一砖一瓦地成为实体，是将俗世元素与宗教元素融合在一起的一座和谐而史无前例的综合性建筑。[26]

菲利波·尤瓦拉曾计划在塔古斯河畔建造一座豪华的皇家住宅，设计得非常恢宏壮观，周围环绕着壮丽的花园，在一个单独的建筑群中包含主教牧座堂和大主教教区高级修士的居所——在这个计划失败后，君主把注意力转回了里贝拉宫。在接下来的数年中，改革又再度焕发生机和活力，1728年至1732年间，另一位意大利建筑师欣然前来合作，他便是安东尼奥·卡内瓦里。[27]（图5）

1729年，马夫拉又一次受到了君主的关注，这回的目标是推进将于次年10月举行的祝圣礼。不过，祝圣礼完成之后，这个丰碑般的伟大工程的热度便一点点地退去了，而政治生活的真正核心，国家的形象代表——里贝拉宫，又一次成了国王投入精力的焦点。直到他统治生涯的末期，位于大教堂区的皇家居所仍在不断地增添新的附属建筑，1749年贝拉公主及其姐妹的套房的修缮是这一活动的顶峰时期（安东尼奥·卡内瓦里于1732年年中返回罗马，后续工程由卢多维塞独自监督完成）。

这片宫殿中如今仅有两层楼可作为当时进行的大规模改建的证明[28]，这份宗教建筑工程的档案（图6和图7）表明，老教堂的主体并未被严重破坏。1712年和1713年进行的工程主要是高祭坛，令其能包含临近的建

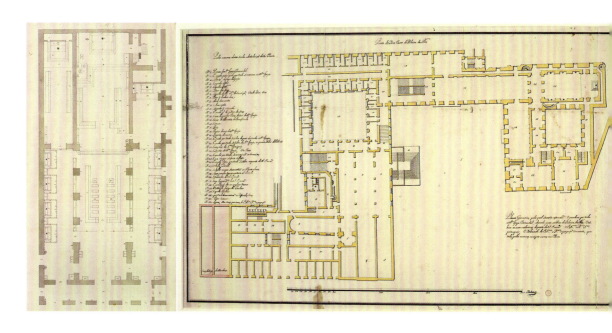

筑，扩大主教大教堂建筑群的规模。在这些工程的第一阶段，高祭坛被扩展成与教堂正厅一样的长度。祭坛左侧的礼拜堂是献给圣餐的，右侧则是献给圣家庭的，圣家礼拜堂的进深只有祭坛的一半，为后面的珍宝库留出了空间。

纯洁之胎礼拜堂与祭坛垂直，且门口直接正对着它，堂内的奢华异乎寻常，周围环绕的各种附属建筑和圣器收藏室构成了一座名副其实的迷宫。礼拜堂内有一座华美辉煌而壮丽高贵的圣母银像，塑像由乔瓦尼·巴蒂斯塔·马伊尼根据卢多维塞细致的规划图完成，马伊尼是由国王秘书若昂·巴普蒂斯塔·卡尔博内神父直接任命的。[29] 在教堂的另一端，经过绕着礼拜堂庭院的走廊，三扇大门通向宫殿以及大主教教区高级教士们的住所，到达那里需要登上一段长长的台阶。而在右手边，另一段楼梯[30] 经过地面从正厅通向庭院，也能到达上层的房间和附属建筑。祭坛左右两侧的正厅，通过知名的五段楼梯与外部相连，通向新天井，1719 年时还在建造，现在已经是一座巨大的现代化广场。主教大教堂广场经由这个线路变成了一个城市规划工程的活力中心，而这项规划将一系列完全不同的建筑统一为一个审美一致的整体（图 8）。

作为向建筑和城市发展的前沿重新投入金钱和精力的工程的一部分，皇家主教大教堂经历了一次系统性的美学重构，1746 年进行的重新祝圣礼象征着为这一次复兴加冕。为此，从罗马运送来了给圣罗克教堂的 320 多个

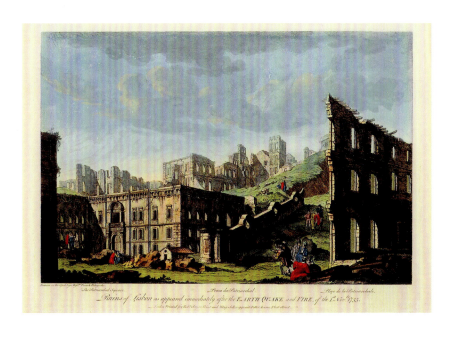

包装箱，其中装有绘画、雕塑、法衣、挂毯、银器、书籍和装饰性金属制品；此外，还运来了各种型号的石头样品——而最早托运的货物还包括圣彼得大教堂三个祭坛的 1∶1 木头复制件。[31] 结果，扩建或是建造一个新建筑的希望化为泡影，主教大教堂的改建全部集中在系统地改变其内部装潢，通过从"永恒之城"罗马搜罗来的礼服和装饰品而令其变得极端奢华。[32]

使用罗马的劳动力，并使其始终遵照里斯本发出的指导原则工作，表达了一种有意识地通过采用这个方法，最有效地树立葡萄牙王室艺术的对外形象的愿望。

而在施洗者圣约翰礼拜堂内，不安的气氛也是存在的——基本上主要是由于路易吉·万维泰利参与了皇家礼拜堂内新洗礼池的规划[33]，因为这个关键要素位于整个工程的中心位置，而卢多维塞作为总指挥，满怀嫉妒地要将定义概念美感和可操作性的任务留给自己，以决定整个工程在建筑上的方向。[34]

仔细分析施洗者圣约翰礼拜堂的任务委派，能让我们从客观的视角看到这项不同寻常的创举的实施，同样也能客观看待主教大教堂工程的实施，展示出这两者之间的一致性与不可分割性。

注 释

1 Francisco Marques de Sousa VITERBO and R. Vicente d'ALMEIDA, *A Capella de S. João Baptista erecla na eareia de S. Roque*, Lisbon, Livros Horizonte, 1997, p. 105 (1st edition 1900).

2 *Ibid*, p. 148.

3 José-Augusto FRANÇA, *Lisboa Pombalina e o Iluminismo*, Lisbon, Bertrand, 1987, p. 49 (1st edition 1983).

4 Frei Cláudio da CONCEIÇÃO, *Gabinete Histórico*, vol. XI, Lisbon, Impressão Régia [Royal Press], 1827. pp. 38–42.

5 Francisco Marques de Sousa VITERBO and R. Vicente d'ALMEIDA, *op. cit.*, p. 8.

6 Maria João Madeira RODRIGUES, *A Capela de S. João Baptista e as suas colecções*, Lisbon, Inapa, 1988, p. 17.

7 José-Augusto FRANÇA, *op. cit.*, p. 49.

8 Paulo Varela GOMES, *A Cultura Arquitectónica e Artística em Portugal no Século XVIII*, Lisbon, Editorial Caminho, 1988, pp. 97 ff.; *idem, A Confissão de Cyrillo*, Lisbon, Hiena, 1992, pp. 101 ff.

9 Frei Cláudio da CONCEIÇÃO, *op. cit.*, vol. XI pp. 38–42.

10 Francisco Marques de Sousa VITERBO and R. Vicente d'ALMEIDA, *op. cit.*, p. 12 and note 1, 提及了Father Baltazar Teles, *Cbronica da Companhia de Jesu*第二卷内容 (pp. 124 ff.)，其中包含了关于原始礼拜堂的信息，它供奉的圣灵以及创建者，礼拜堂内有创建者的墓穴或尸骨瓮。

11 Paulo PEREIRA, *A Obra Silvestre e a Esfera do Rei, iconologia da arquitectura manuelina na Grande Extremadura*, Coimbra, 1990, especially chs. 3 and 4; Paulo PEREIRA, 'A simbólica manuelina. Razão, celebração, segredo', in *História da Arte Portuguesa*, vol. II, Lisbon, Círculo de Leitores, 1995, pp. 128–136.

12 António Filipe PIMENTEL, *Arquitectura e Poder. O Real Edifício de Mafra*, Lisbon, Livros Horizonte, 2002, p. 180; *idem*, 'Real Basílica de Mafra: salão de trono e panteão de reis', in *Boletim Cultural*, 93, Mafra, Câmara Municipal [Town Hall], Feb., 1994.

13 Maria João Madeira RODRIGUES, *op. cit.*, p. 17.

14 António Filipe PIMENTEL, 'Uma jóia em forma de templo: a Capela de São João Baptista', in *Oceanos*, no. 43, Lisbon, Jul./Sept., 2000, pp. 148–163.

15 Marie-Thérèse MANDROUX-FRANÇA, 'La Patriarchale du Roi Jean V de Portugal', in *Colóquio-Artes*, 2nd series, no. 83, Lisbon, 1989, pp. 34–43; Marie-Thérèse MANDROUX-FRANÇA, 'A Patriarcal do Rei D. João V de Portugal', in *Triunfo do Barroco*, Lisbon, Fundação das Descobertas, 1993, pp. 39–53; Marie-Thérèse MANDROUX-FRANÇA, 'La Patriarcale del Re Giovanni V da Portogallo', in Sandra Vasco ROCCA, Gabriele BORGHINI (dir.), *Giovanni V di Portogallo e la Cultura Romana del suo Tempo (1707-1750)*, Rome, Edizioni Àrgos, 1995, pp. 81–92.

16 cf. António Filipe PIMENTEL, 'D. Tomás de Almeida (1716–1754)', in C.A. Moreira Carlos AZEVEDO (coord.), *Os Patriarcas de Lisboa*, Lisbon, Centro Cultural do Patriarcado – Aletheia Editores, 2009, pp. 7–22.

17 Marie-Thérèse MANDROUX-FRANÇA, 'A Patriarcal do Rei D. João V de Portugal', *op. cit.*, p. 45.

18 *Ibid*, pp. 46 ff.

19 有关18世纪上半叶葡萄牙王室与“永恒之城”罗马之间的关系的重大意义和紧密程度，参见前面提及的作品*Giovanni V de Portogallo e la Cultura Romana del suo Tempo*中的精彩论述。

20 António Filipe PIMENTEL, 'António Canevari e a Arcádia Romana: subsídios para o estudo das relações artísticas Lisboa/Roma no reinado de D. João V', in Teresa Leonor M. VALE (coord.), *Lisboa Barroca e o Barroco de Lisboa*, Lisbon, Livros Horizonte, 2007, pp. 31–38.

21 António Filipe PIMENTEL, 'Nobre, séria e rica: a encomenda da capela lisboeta de São João Baptista em São Roque e a controvérsia Barroco *versus* Classicismo', in Sónia Gomes PEREIRA (org.), *Anais do VI Colóquio. Luso-Brasileiro de História da Arte*, vol. I, Rio de Janeiro, unnumbered, 2004, p. 118.

22 José-Augusto FRANÇA, *op. cit.*, p. 49.

23 Norhert ELIAS, *A sociedade de corte* [Court Society], Lisbon, Estampa, 1987, p. 92, note 1; Jacques LEVRON. *La vie quotidienne à la cour de Versailles aux XVIIe-XVIIIe siécles*, 3rd edition, Poitiers-Ligugé, Hachette, 1986. p. 65; Emílio OROZCO DÍAZ, *El teatro y la teatralidad del Barroco*, Barcelona, Planeta, 1969, pp. 101–102.

24 Luís Reis TORGAL, *Ideologia política e teoria do Estado na Restauração*, vol. I, Coimbra, Biblioteca Geral da Universidade, 1981, p. 255, note 1.

25 António Filipe PIMENTEL, *Arquitectura e Poder, op. cit.*, p. 98.

26 See *ibid.* pp. 141, 154–155, 176–188, and António Filipe PIMENTEL, 'O Real Edifício', in António Filipe PIMENTEL (coord.), *A Encomenda Prodigiosa. Da Patriarcal à Capela Real de St John the Baptist* (exhibition catalogue), Lisbon, Museu Nacional de Arte Antiga [National Museum of Ancient Art] – Museu de São Roque – Imprensa Nacional-Casa da Moeda, 2013, pp. 60–61.

27 cf. António Filipe PIMENTEL, 'António Canevari e a Torre da Universidade de Coimbra', *Artistas e artífices e a sua mobilidade no mundo de expressão portuguesa*, Actas [Minutes], VII Colóquio Luso-Brasileiro de História da Arte, Oporto, Faculdade de Letras da Universidade do Porto, 2005, pp. 49–58; António Filipe PIMENTEL, 'De Lisboa ao Caia: em torno do programa politico e artístico da *Troca das Princesas*', in Teresa Leonor M. VALE, Maria João Pacheco FERREIRA and Sílvia FERREIRA (coord.), *Lisboa e a Festa: celebrações religiosas e civis na cidade medieval e moderna*, Actas [Minutes], Colóquio de História e de História da Arte [History and History of Art Colloquium], Lisbon, Câmara Municipal de Lisboa [Lisbon City Hall], 2009, pp. 65–84.

28 cf. António Filipe PIMENTEL (coord.), *A Encomenda Prodigiosa. Da Patriarcal à Capela Real de S. João Baptista, op. cit.*, pp. 94–95.

29 Teresa Leonor M. VALE, 'A estátua de Nossa Senhora da Conceição da Patriarcal de Lisboa e a eleição de modelos pictóricos para obras de escultura num texto de João Frederico Ludovice', *Artis*, Revista do Instituto de História da Arte da Faculdade de Letras de Lisboa [Journal of the Institute of History in the Lisbon Faculty of Letters], nos. 7–8 (2009), pp. 317–332, and Teresa Leonor M. VALE, 'Di bronzo e d'argento: sculture del Settecento italiano nella magnifica Patriarcale di Lisbona', in *Arte Cristiana. Rivista Internazionale di Storia dell'Arte e di Arti Liturgiche* [Christian Art. International Review of the History of Art and of the Liturgical Arts], Milan, Year 100, no. 868, Jan.-Feb. 2012, p. 57–66.

30 *Elogio fúnebre e histórico do muito alto…Rei de Portugal, o Senhor D. João V*, Lisbon, Regia Officina Sylviana, e da Academia Real, 1750, pp. 96–97.

31 Teresa Leonor M. VALE, 'Roma em Lisboa: as artes decorativas no contexto das obras de arte enviadas da cidade pontifícia para a capital portuguesa no reinado de D. João V', *Revista de Artes Decorativas* [Review of Decorative Arts], Universidade Católica Portuguesa [Catholic University of Portugal], no. 5, Oporto, 2011, pp. 57–78; Teresa Leonor M. VALE, 'Ainda Roma em Lisboa: as réplicas de altares da basílica de S. Pedro do Vaticano, enviadas para a capital portuguesa entre 1741 e 1745', in Maria João Pacheco FERREIRA, Pedro FLOR, Teresa Leonor M. VALE (coord.), *Lisboa e os Estrangeiros | Lisboa dos Estrangeiros antes do Terramoto de 1755. Actas do Colóquio*, Lisbon, Câmara Municipal de Lisboa [Lisbon City Hall], 2013 (in press).

32 cf. Marie-Thérèse MANDROUX-FRANÇA, 'Progetto di candelabro con le armi patriarcali' in *Giovanni V di Portogallo, op. cit.*, p. 102; Sandra Costa SALDANHA, 'Os apóstolos em prata para a Patriarcal de Lisboa: modelos de ourivesaria dos escultores José de Almeida (1708–1770) e Joaquim Machado de Castro (1729–1822)', *Revista de Artes Decorativas* [Review of Decorative Arts], Oporto, Universidade Católica Portuguesa [Catholic University of Portugal], no. 2, 2008, pp. 45–62; Teresa Leonor M. VALE, 'Roman baroque silver for the patriarchate of Lisbon', in *Burlington Magazine*, vol. CLV, no. 1.323, Jun. 2013, pp. 384–389).

33 António Filipe PIMENTEL, 'Luigi Vanvitelli (1700–1773). Pia Batismal', in António Filipe PIMENTEL (coord.), *A Encomenda Prodigiosa. Da Patriarcal à Capela Real de S. João Baptista, op. cit.*, pp. 112–113.

34 Cf. José-Augusto FRANÇA, *op. cit.*, p. 49.

第二部分

施洗者圣约翰礼拜堂

第 1 章　建　筑

施洗者圣约翰皇家礼拜堂：里斯本与罗马之间的"设计对话"

一份单一委托的多重构成

主导施洗者圣约翰皇家礼拜堂建造过程的设计复杂至极——涉及审美、符号、政治和外交，在了解这个背景的前提下，回顾一下委托的严格管理流程至关重要。这份委托始于 1742 年 10 月 26 日由若昂·巴普蒂斯塔·卡尔博内神父发给葡萄牙驻罗马大使曼努埃尔·佩雷拉·德桑帕约指挥官的一封信。[1] 克劳迪奥·达孔塞桑修士的虔诚记述也必然要作为最早的史料，尽管它已经和所要记录的事实有一定距离。

实际上，孔塞桑修士的记录说，国王吩咐"他的建筑师们"测量了数据并送去罗马，是为了在这里建造一座礼拜堂，"一座马赛克礼拜堂，尽可能做到最好"。[2]

和这封信一起，卡尔博内还寄去了平面图和正视图。订单中记录了书面的说明，其大意为："设计师可以自由使用任何一个等级、任何一个种类的最稀有、最华丽的大理石，古代的或现代的均可……可以随心所欲地以最高尚、最高雅的品位装饰整个工程。"[3]——而且，这条信息还从一开始就承认，国王直接介入了礼拜堂委托的过程[4]，从各方面说，这都对审美的选择产生了影响。

送去罗马的艺术委托关乎的是一项总体工程（礼拜堂）的施工，要委派给"当前在罗马能找到的最优秀的建筑师"。这个工作落到了一对合作伙伴身上，他们便是尼古拉·萨尔维（1699—1751）和路易吉·万维泰利（1700—1773）。[5]

萨尔维师从于安东尼奥·卡内瓦里[6]，是罗马美学界的显赫人物，此时正专心致志地进行着他的杰作——特莱维喷泉。[7] 可能正是因为这个项目，他接触到了路易吉·万维泰利，万维泰利刚接到本尼狄克十四世的任命，负责管理圣彼得工坊[8]——这是位于圣彼得大教堂的作坊联合体，负责监督圣彼得大教堂及其珍宝的建构和维护——萨尔维和万维泰利两人都参与了喷泉以及位于拉特兰诺（圣约翰·拉特朗）的圣约翰大教堂的委托任务的

第 24—25 页
祭桌的装饰（正面）
金属鎏金
安东尼奥·阿里吉
（参见图 50）

第 26—27 页
施洗者圣约翰礼拜堂（局部细节）
（参见图 112）

竞争过程。[9]

曼努埃尔·佩雷拉·德桑帕约大使选择的建筑师既要负责这项委托，还要负责主教大教堂的洗礼池。史学分析已经确认了万维泰利的主导地位[10]，不过，文献显示酬劳是付给两位艺术家的[11]，而且，若昂·弗雷德里科·卢多维塞——他们在里斯本的对话者——的说法也证实了这一点。[12]

总之，在卡尔博内的信中言明了（非常自然的）责任——工程计划必须先提交给君主并得到他的认可——相当于引入了一个非常有影响力的不稳定因素，即国王的审美顾问卢多维塞。没用多久，工程就陷入了非常复杂的局面。

一场设计方面的（激烈）争论

我们今天所知的草稿包括三张素描和一张草图，分别保存在那不勒斯的圣马蒂诺博物馆和卡塞尔塔皇宫图书馆（图9—图12），它们的建筑风格受到了极强的博罗米尼的罗马巴洛克风格影响，雕塑仿效贝尼尼的风格，承担着极为引人注目的角色。

实际上，礼拜堂的设计是从一个圆形的罗马风格拱门开始的（这个拱门是本来就有的，因而需要配合其进行设计），拱门边有大烛台，支撑部分是有翅膀的身着法衣的天使，拱门侧面是空心的科林斯式壁柱，拱顶上是一个星象仪，由飞舞的丘比特支撑，拱顶最高处为王冠状，下面是一袭法衣披风，花饰从上方垂落下来。进入拱门，是一个长方形的空间，尽头是一个向外突出的浅壁龛，构成了一个围绕祭坛的外框，上方为八角形衬壁的穹顶。这个设计中，侧面的拱门由两根科林斯式壁柱支撑，从门口通向两侧附属礼拜堂的路上有半柱装饰，密集的拱门缘饰与两根壁柱及这些半柱呈直线排列，祭坛正面装饰在其衬托下显得非常突出。在侧门上留出了镶板，准备分别镶嵌《天使报喜》和《圣灵降临》，顶上有环绕一圈的爱奥尼亚式檐部（没有任何楣饰）。

壁龛内非常突出，设置了另一个侧拱门，同样装饰了衬壁图案——不过这里的衬壁图案是呈放射状排列的四边形——后方也出现了壁柱；与这些相对的，是四根不承重的柱子，围绕祭坛以基本阵型排列。祭坛遮挡住了部分中心的柱子，在祭坛上有一个稍微倾斜的椭圆形面板，面板顶部是托举着经文护符匣的小天使和丘比特，下方是引人注目的两个天使，姿态仿佛是在举着这个面板，这是博罗米尼为罗马的四喷泉圣卡洛教堂的主正

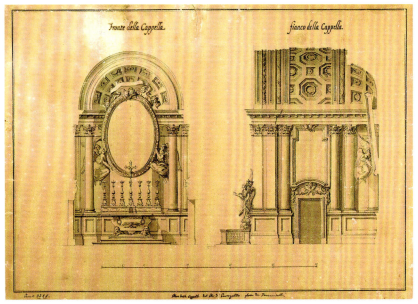

面顶端做的一个设计。祭桌是两只狮子托着的骨灰瓮造型，风格复古，引
入了一个几乎显得不和谐的符号，而皇家盾形纹饰立在铺了地砖的地板上。
整个礼拜堂由突出的栏杆围绕起来，需登两级台阶才能到达。而这个设计
要想获得认可，并非轻而易举的事情。

事实上，在罗马草图送来的一个半月后，即 1743 年 2 月 8 日，卡尔

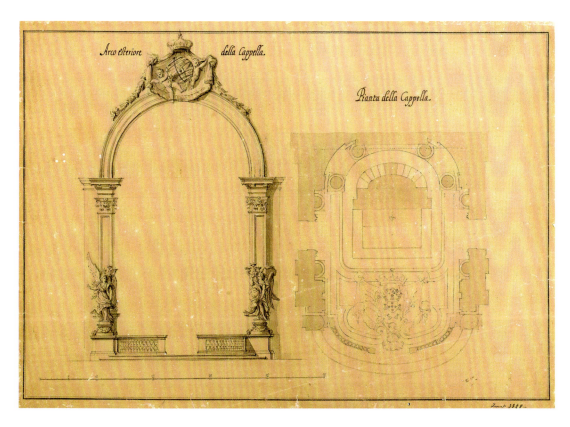

Arco Esteriore della Cappella.

Pianta della Cappella.

图 11
圣罗克教堂施洗者圣约翰
礼拜堂，外部拱门和平
面图
铅笔、墨水和水彩绘制
路易吉·万维泰利，第一
版方案，1742 年
藏于那不勒斯圣马蒂诺国
立博物馆（inv. 3328/1）

图 12
圣罗克教堂施洗者圣约翰
礼拜堂，外部拱门
铅笔、墨水和水彩绘制
路易吉·万维泰利，第一
版方案，1742 年
藏于那不勒斯圣马蒂诺国
立博物馆（inv. 3328/4）

博内就回复了——一起寄过去的还有里斯本方面做出的批评和修改，包含一份涉及多方面的备忘录，其中列出了一系列对草图的修正。备忘录提醒设计师注意，礼拜堂是一座皇家建筑，因而要求对飞檐檐口的波纹线脚（一种S形的装饰线条）、祭坛装饰画、皇家徽章、屋顶、外拱门的前廊、祭坛、祭台以及陈列圣餐的壁龛进行改动。[13]

另一份备忘录是给阿戈斯蒂诺·马苏奇的，与上一份形成了鲜明对比，非常平静地批准了画家的提案。[14]

接着，在4月7日的一封信中，德桑帕约回复“建筑师就我收到的说明提出了很多问题”[15]，大使把这个信息传达给了里斯本。7月28日，卡尔博内寄来了王室建筑师做出的回复[16]，“在一座要修建得高贵、庄重而华丽的礼拜堂中，是不容许奇特独创的任性之举的”，这样的建议应该不予采纳，并要求按所附备忘录执行。[17]（图13）

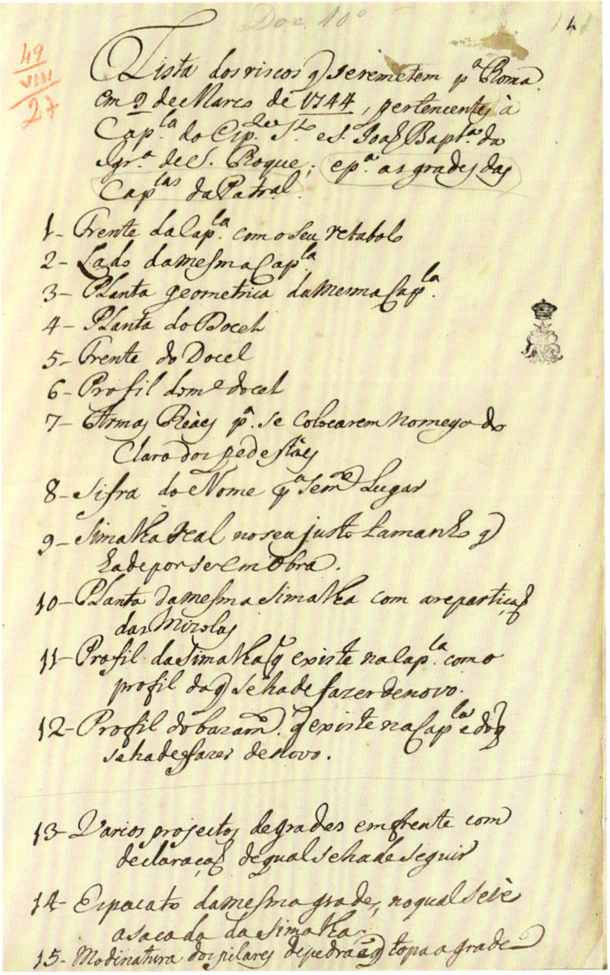
Doc 10º 141
49 VIII 27
Lista dos riscos q se remetem p.a Roma em 2 de Março de 1744, pertencentes à Cap.la do Esp.to S.to e S. João Bapt.a da Igr.a de S. Roque; e p.a as grades das Cap.las da Patrial.
1- Frente da Cap.la com o seu retabolo
2- Lado da mesma Cap.la
3- Planta geometrica da mesma Cap.la
4- Planta do Docel
5- Frente do Docel
6- Profil do m.o docel
7- Armas Reaes p.a se colocarem no meyo do claro dos pedestaes
8- Sifra do Nome q.a tem lugar
9- Simalha Real no seu justo tamanho q ha de por ser em obra.
10- Planta da mesma simalha com a repartição das mizolas
11- Profil da simalha q existe na Cap.la com o profil do q se ha de fazer de novo.
12- Profil do bazam.to q existe na Cap.la e do q se ha de fazer de novo.
13- Varios projectos de grades em frente com declaração de qual se ha de seguir
14- Espaccato da mesma grade, no qual se vê a saca da simalha.
15- Modinatura dos pilares de pedra q topa a grade

图13
施洗者圣约翰礼拜堂工程设计清单
羊皮卷
若昂·弗雷德里科·卢多维塞起草
藏于里斯本阿茹达图书馆
（Ms. 49-VIII-27, f. 141）

8月1日，德桑帕约写道，订单“根据材料所需，拆分开给了不同的工匠，工匠人数多得不可计数”。在8月31日，他又用同样的基调报告说：“礼拜堂内的工作进展不错，进度提前了许多，很多人出于好奇从全国各地赶来瞧热闹，教皇阁下向我表示他希望能在装船离港前去看一下”。[18]

事实上，根据纯书面记录的批评和修正，工期持续并超期了好几个月，甚至到了德桑帕约不断要求增加支出的程度。开场白之后，是对这座规模不大但极为奢华的圣堂的每一个组成部分甚至最微末细节的细致说明：拱顶、拱门的装饰需仿效梁柱和圆柱的样式，采用浅色的大理石，装饰黄铜鎏金的垂花饰或花环；弦月窗，应该两侧都有；檐部及其装饰，祭坛画，正门、侧门、基座，最后还有皇家徽章和铭文装饰。[19]

最后，在3月9日，送来了礼拜堂的完整草图，其中包含平面图、正

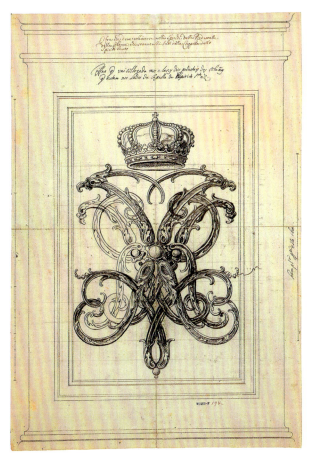

图 14
施洗者圣约翰礼拜堂的皇家花押字图案试画
黑色铅笔、钢笔和黑、灰淡水彩绘制
若昂·弗雷德里科·卢多维塞，1744 年

图 15
施洗者圣约翰礼拜堂的皇家盾形纹章试画
钢笔、墨水、黑色铅笔、淡彩印度墨水绘制
若昂·弗雷德里科·卢多维塞，1744 年
藏于里斯本国立古代艺术博物馆（inv. 195 Des. [Drawings]）

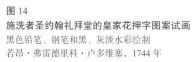

图 16（见下页）
柱头
金属鎏金
弗朗切斯科·贾尔多尼

面图和侧视图，以及皇家盾形纹饰和花押字图案（图 14 和图 15），与飞檐檐口的波纹线脚设计、基座的平面图和侧面图。同一天，还传来了关于礼拜堂不同元素的建筑结构方面的细化说明，比如用来放置盛酒和水的佐料瓶的梁托、忏悔室、栏板上的闸门、灯，等等。[20]

　　根据大使的说法，礼拜堂的工程遥遥领先于预期，"因而……教皇阁下向我表示他希望能在装船离港前去看一下"，就在这样的情况下，这些文件以及相关草图到达了罗马，肯定如同炸弹般令人震惊。没多久，4 月 12 日，德桑帕约就给里斯本写信，告知已经收到了文件，并称这些文件引

33

起了震惊；[21] 同时，他也没有忘记寄上罗马的建筑师们对里斯本的建筑师做出的修正和指示的反馈。

如果这些在里斯本起草的文件、规划和相关图纸引发了罗马的震惊，那么，（如今已经散失，不过显然"写满了 12 张纸"[22] 的）反馈所造成的冲击同样非常巨大。不久，便又有了答复，措辞十分激烈，以至于卡尔博内神父不得不为其解释一番。[23] 这份答复是一篇长长的、论证充足的专题论文，为"cintinado"辩论，这个术语是指贴着直线使用曲线，文中特别解释了这种组合可能性的理论基础——至少从其被解读的方面上说。[24]

但事实上，我们完全不了解万维泰利的 12 页声明中所包含的内容，因为这份文件的散失，我们对卢多维塞回答的到底是什么问题毫无头绪。

一件（杰出）作品和三个作者

不论真相如何，不可避免的是，1742 年 12 月送达里斯本的草图和最终成品的某些地方存在着不同，而这是因为遵照里斯本寄来的指示——尤其是和指示一起寄来的草图造成的。只有记住这一点，才能理解先后出现的两个模型的效果。[25]

通过草图，卢多维塞的决定被强加到万维泰利的整体工程之上：外部视图（设计和外貌将全部改变，去掉了科林斯式壁柱、天使烛台和探出的栏杆），还有拱顶（被天使拱卫的皇家盾牌将要取代万维泰利提议的皇家披风下由守护精灵托举着星象仪这一组合画面）。如果比较一下计划安装在祭坛侧面的青铜盾牌，以及拱门在盾牌底部被相应外框的花饰阻断的方式，会非常有趣。其他的改动还包括内部视图上的壁柱和圆柱的分布（以及每根柱子上槽沟的数量）；建筑整体上添加科林斯式檐部、相应的楣饰、穹顶的结构和装饰、位于侧板的凸出位置的弦月窗，以使之"显得更为充实"。此处必然是指由卡洛·马尔基翁尼和贝尔纳迪诺·卢多维西雕刻的椭圆形浮雕，因为除此之外，在这个没有窗口的穹顶上并没有其他的"弦月窗"。其他的改变包括：墙板外围的装饰线条，"墙板青铜鎏金，工艺考究"，圆柱柱顶和底座同样采用青铜鎏金；祭坛的结构和相应的祭坛装饰画（装饰画贴于墙壁上，直线形的墙板顶部是半圆形的，最顶端有一尊雕塑，墙板两侧共有四根圆柱。半圆形的顶部是卢多维塞在葡萄牙公布过的设计）；祭坛的台阶；去掉铺砌在地板上的皇家盾形纹章，代之以与主教大教堂一样的有一个星象仪及象征符号的马赛克镶嵌的镶板；以皇家座右铭的设计装饰高坛、侧门和基座上层边缘处的祭桌，祭桌上同样装饰有盾形纹章，"出于纹章主人所怀的虔诚和敬意，而安置在如此神圣的位置"。[26]（图17和图18）

另外，令人惊叹的藏品也显然同样是"设计的对话"的主题——不过，对此我们几乎找不到任何留存下来的文献资料。但毋庸置疑的是，这其中同样值得去探寻建筑师兼金匠卢多维塞的痕迹。[27]

因此，可以准确无误地得出一个结论：礼拜堂的设计最终呈现出古典风格——由于这种风格，历史上公认其为葡萄牙建筑革新的转折点——但这也并非由于罗马方面"不顾里斯本的观点和品味"[28]而强加的。事实上正相反，这些都是里斯本方面的强烈坚持，他们决定了采用可以归纳为权力美学的元素，无论其与罗马盛行之风有多么大相径庭。

事实上，施洗者圣约翰礼拜堂的施工只能与另外一个类似的工程放在一起理解——主教大教堂的重修。在若昂美学风格中可见到的对罗马的一切的过分参考，都与一个非常具体的目标有关：将这座塔霍河畔的城市打造成西部的罗马。事实上，在"永恒之城"最有声望的作坊中完成这些美轮美奂的工作，是用于提升葡萄牙王室和王国形象的外交政策中必不可少的一个环节。这个政策被认为是至关重要的，因为——当时王国正是式微之时——国王实际上已经不再如从前那般拥有惊天财富，而工程建设的花费却极有可能不断增长。[29]这样做是为了令里斯本宫廷拥有一个符合其野心的宗教背景，以服务于美化葡萄牙王室的政治规划，主教大教堂和施洗者圣约翰礼拜堂都包含其中，在此过程中都采用了罗马能够提供的最有声望的、国际知名的专业工匠（万维泰利是圣彼得工坊的建筑师这一事实，与其被选中应该不无关联）。这样做旨在令若昂五世宫廷的艺术能被葡萄牙国境以外的地方注意到，而如果工程从构想到执行都仅在国内进行，那么这样的目标是几乎不可能实现的。此外，这样做还能美化王室，有助于实现巩固其国际地位重要性的计划——这个计划的重要性远胜这些美学上的工程，美学工程仅仅是为权力的形象服务的。

同时，礼拜堂的工程不断被推进。德桑帕约转达给里斯本这样的消息：教皇告知他希望"能在祭坛被运送前为其祝圣"[30]，这个祝圣仪式在位于罗马的葡萄牙圣安东尼奥教堂举行。[31]不过，所有证据都表明，仅有祭坛在这里被祝圣，事实上，整个礼拜堂在那一个月间，被组装安置在卡波尼 –

图 17
圣罗克教堂施洗者圣约翰
礼拜堂,截面和平面图
铅笔、棕色墨水、灰色和
白色水彩绘制
路易吉·万维泰利,第二
版方案,1743—1744
藏于卡塞塔王宫(no. 248,
inv. 1951/52)

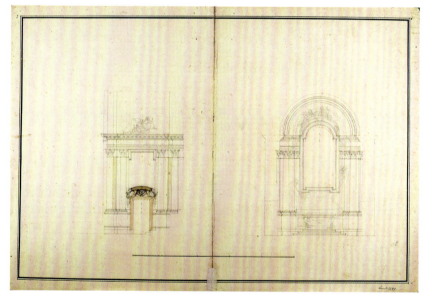

图 18
圣罗克教堂施洗者圣约翰
礼拜堂,纵截面和横截面
铅笔、墨水、水彩绘制
路易吉·万维泰利,第二
版方案,1743—1744
藏于那不勒斯圣马蒂诺国
立博物馆(inv. 3328/3)

卡德利宫中，并向公众展示，而这正是它计划实现的目的之一。

　　施洗者圣约翰礼拜堂以及其珍宝藏品似乎坚不可摧，甚至在里斯本大地震中都安然无恙；它是一个构筑在内在凝聚力之上的完整而统一的整体，仿佛是一个独立大脑的产物，这个大脑睿智卓越，最终提供了最具说服力的、最不可置疑的宣言[32]，尽管这些知识当然要归功于为了这个工程的执行做出贡献的诸多独立的个体。

　　因此，让我们再重复一下克劳迪奥·达孔塞桑修士的这段话——他是第一个试图记录下礼拜堂历史的人，在所有的作者已经难以探寻的文献中，这是一个相当公正的说法——"最稀有的珍宝之一，在我看来，不仅是葡萄牙最稀有的，而且是整个世界最稀有的。"[33]

注 释

1 Francisco Marques de Sousa VITERBO and R. Vicente d'ALMEIDA, *A Capella de S. João Baptista erecta na egreja de S. Roque*, Lisbon, Livros Horizonte, 1997, p. 105 (1st edition 1900); 另见本书中皮门特尔所写《一座为葡萄牙君主建造的礼拜堂：关于一项规模浩大的委托工程的有争议的历史》，注释1。

2 Frei Cláudio da CONCEIÇÃO, *Gabinete Histórico*, vol. XI, Lisboa, Impressão Régia [Royal Press], 1827, pp. 38–42; 另见本书中皮门特尔所写《一座为葡萄牙君主建造的礼拜堂：关于一项规模浩大的委托工程的有争议的历史》，注释1。

3 *Ibid.* p. 105.

4 Francisco Marques de Sousa VITERBO and R. Vicente d'ALMEIDA, *op. cit.*, p. 130.

5 *Ibid.* p. 130.

6 Irisalva MOITA, 'O Aqueduto das Águas Livres e o abastecimento de água a Lisboa', *D. João V e o abastecimento de água a Lisboa*, vol. I (exhibition catalogue), Lisbon, Câmara Municipal de Lisboa [Lisbon City Hall], 1990, pp. 27–34.

7 cf. Paolo PORTOGHESI, *Roma Barocca. Storia di una civiltà architettonica*, 2nd edition, Rome, Carlo Bestetti Edizioni d'Arte, 1967, pp. 429–434.

8 Jörg GARMS, 'La Cappella di S. Giovanni Battista nella Chiesa di San Rocco a Lisbona', Sandra Vasco ROCCA and Gabriele BORGHINI (dir.), *Giovanni V di Portogallo (1707–1750) e la cultura romana del suo tempo*, Rome, Àrgos, 1995, pp. 113–114.

9 cf. Gianfranco SPAGNIESI, 'Rome et sa culture à l'époque du voyage de Soufflot', in *Soufflot et l'Architecture des Lumières*, Actas [Minutes], École Nationale Supérieure des Beaux Arts, Paris, 2001, pp. 43–44.

10 cf. Jörg GARMS, *op. cit.*, pp. 113–114 and António Filipe PIMENTEL, 'Uma jóia em forma de templo: a Capela de São João Baptista', in *Oceanos*, no. 43, Lisbon, July/September, 2000, p. 149.

11 阿茹达图书馆中的文献确认了于1742年12月支出的一笔100斯库多（意大利货币）的费用，"支付给建筑师尼古拉·萨尔维和他的同伴万维泰利，为其为圣灵和施洗者圣约翰礼拜堂所做的设计"(Ms. 49-IX-22, f. 114)；1744年12月3日、1745年8月30日和1746年12月22日，又分别向他们两人支付了100、200和120埃斯库多(Ms. 46-XIII-9, f. 126)；1745年7月两个建筑师各自获得了100埃斯库多的报酬(Ms. 49-IX-31, f. 119)。另一方面，萨尔维的名字也单独出现在了1746年7月15日的一份386埃斯库多的付款单中，具体项目是礼拜堂穹顶上的大理石花饰(Ms. 49-VIII-15, doc. 247)，而在同年12月的另一份付款单中，他是制作初步设计模型的设计者之一。这似乎是说明了萨尔维在整体监督和协调工作中担任的核心角色，解释了为什么对万维泰利的描述是"他的同伴"（请注意，保存至今的草图中有万维泰利的作品，但这中间没有什么矛盾；在圣彼得工坊中万维泰利也是担任类似的角色）。这项工程十分复杂，出现这样的情形是可以理解的。

12 Francisco Marques de Sousa VITERBO and R. Vicente d'ALMEIDA, *op. cit.*, p. 128.

13 Francisco Marques de Sousa VITERBO and R. Vicente d'ALMEIDA, *op. cit.*, pp. 108–111.

14 *Ibid.* p. 112.

15 *Ibid.* p. 132.

16 *Ibid.* p. 134.

17 *Ibid.* pp. 112–113.

18 *Ibid,* p. 134.

19 *Ibid.* pp. 115–116.

20 António Filipe PIMENTEL, 'Uma jóia em forma de templo: a Capela de São João Baptista' ..., p. 154.

21 Francisco Marques de Sousa VITERBO and R. Vicente d'ALMEIDA, *op. cit.*, pp. 136–137.

22 *Ibid*, p. 120.

23 *Ibid*, p. 137.

24 cf. Paulo Varela GOMES, *A Cultura Arquitectónica e Artística em Portugal no Século XVIII*, Lisbon, Editorial Caminho, 1988, pp. 97 and ff; Paulo Varela GOMES, *A Confissão de Cyrillo*, Lisbon, Hiena, 1992, pp. 101 and ff.

25 António Filipe PIMENTEL, 'Giuseppe Palms, Giuseppe Fochetti, Giuseppe Voyet e Genaro Nocoletti. Modelo para a Capela de São João Batista', in António Filipe PIMENTEL (coord.), *A Encomenda Prodigiosa. Da Patriarcal à Capela Real de S. João Baptista, op. cit.*, pp. 128–129.

26 Francisco Marques de Sousa VITERBO and R. Vicente d'ALMEIDA, *op. cit.*, p. 127.

27 皇家建筑师还就金器、银器和珠宝等物品给罗马发出过极为详尽的"指示和建议"——非常细致，以至于他的角色已经接近于合作者。特别是有一个例子，有一尊十分特别的真人大小的圣母像（纯洁之胎圣母像），由乔瓦尼·巴蒂斯塔·马伊尼塑模，对此，卡尔博内于1744年9月25日写道："这的确是一份非常长的指示"（B.A., Ms. 49-VIII-41, f. 93v；另外参见Teresa Leonor M. VALE, 'Di bronzo e d'argento: sculture del Settecento italiano nella magnifica Patriarcale di Lisbona', in *Arte Cristiana. Rivista Internazionale di Storia dell'Arte e di Arti Liturgiche*, 100, no. 868, Jan. –Feb. 2012, p. 59–62），还有其他表示惊讶的文献，比方说，1745年4月23日，这位耶稣会修士在致桑帕约大使的信中写道："我将所附的包裹交托给阁下，其中包含一些关于新礼拜堂的祭坛十字架的忠告，以便阁下可以交由负责该项工作的工匠执行。"（B.A., Ms.49-VIII-41, f. 177）

28 Paulo Varela GOMES, *A Cultura Arquitectónica, op. cit.*, p. 98. 不过，作者对这个问题的态度存在明显变化——在这篇开创性文章中，他坚持认为，里斯本所采取的立场与最后的作品无关，断言卢多维塞的文本"从一开始，从标题，就显示出这其中没有什么关系，因为萨尔维和万维泰利已经提前开始工作了"（p.99）——他在另一篇（同样非常创新的）文章*A Confissão de Cyrillo*中提出，礼拜堂"代表了罗马表达的想法与里斯本的要求之间事实上的妥协"，并试图总结出一份卢多维塞与罗马的建筑师们各自所做贡献的清单。(pp. 91-98)

29 实际上，众所周知，与最初的估计相比，礼拜堂工程的花费超支极多。1747年6月3日卡尔博内写给桑帕约的一封信中称："关于这些工程委托，这边没有人会想到花费这么多，因为负责指示的弗雷德里科本人觉得礼拜堂的整个工程会花费50万。"6月27日的信中他又一次谈及这个话题："弗雷德里科在罗马时参观过著名的圣伊纳爵礼拜堂，那里建造花费了10万埃斯库多，他认为我们的礼拜堂花费不会超过20万。"（Francisco Marques de Sousa VITERBO and R. Vicente d'ALMEIDA, *op. cit.*, p. 13, note 1）

30 *Ibid*, p. 138.

31 *Ibid*, p. 139.

32 Robert C. SMITH, 'João Frederico Ludovice, an eighteenth century architect in Portugal', in *Art Bulletin*, vol. XVIII, 3, 1936, p. 362.

33 Frei Cláudio da CONCEIÇÃO, *op. cit.*, vol. IX, pp. 53–54.

第 2 章　绘画和马赛克拼贴画

绘画和马赛克拼贴画

依靠保存下来的档案文件和在修复工作期间对礼拜堂进行的检视，可以收集到有关 18 世纪上半叶罗马最重要作坊的艺术家们所做工作的信息——这些人包括：建筑师、画家、马赛克艺术家、雕刻家、石匠、刻石工、熔炼工、银匠、铁匠、木刻工、木匠和普通劳工。不同寻常的是，有两名建筑师被任命为联合总监，主管礼拜堂的建造工作，他们是尼古拉·萨尔维和路易吉·万维泰利。萨尔维年长一些，久负盛名、卓有成就，是圣路加学会的会长，一位学院派，是已被广为接受的意大利艺术的代表人物。路易吉·万维泰利是他的助手，但并非如同之前猜测的那样只是一个下属的角色，可以说，他反而在整个项目执行的所有阶段的策划、控制和协调工作中都发挥了重要作用。加姆斯[1] 仔细分析了一系列礼拜堂建造各个阶段的图纸，发现了这方面的档案。然而，现场和建筑工程是如何组织安排的，依然不大为人所知，各个艺术家和工匠在多年的工程中提交的所有关于礼拜堂的账目，都是由两位建筑师联署的，他们除了负责规划和设计，也负责核对开支以及确保各行各业的手艺人在工地上完成的工程质量。[2] 通过分析与礼拜堂有关的各种账目记录，比方说，被委托为建筑制作青铜鎏金的弗朗切斯科·贾尔多尼的记录，或是出身专门从事石匠工作和石料经销家族的塞西利亚·特德西所负责的石材幕墙高乎寻常的开支账目，或是石匠皮埃特罗·保罗·罗托隆恩的记录，我们会发现，他们的验收文件上都有尼古拉·萨尔维的联署，还附有降低成本的建议（这样的建议是惯例性的）。[3]

负责三幅祭坛画的艺术家阿戈斯蒂诺·马苏奇，是唯一一个可以不受两位建筑师管辖而独立工作的艺术家，他可以自主设计自己的作品，直接与委托人讨论交涉。

在至少十年的过程中，路易吉·万维泰利为圣约翰礼拜堂的工地和项目倾注了大量精力——不仅包括他自己的原创贡献，还包括他在圣彼得工坊工作期间掌握的所有技术和管理上的专业知识。[4] 甚至将礼拜堂分局部

第 42—43 页
地面（花卉装饰局部细节）
（参见图 26 ）

建造然后通过海运运输再组装起来的想法，在圣彼得工坊已有先例——乌尔比诺大教堂的高祭坛就是由梵蒂冈的工匠在罗马建造完成后再运送到现场组装的。[5]

阿戈斯蒂诺·马苏奇当选为画家得到了国王若昂五世的完全赞同，若昂五世之前就对他的作品非常欣赏，相信他定能将自己想要的古典主义与

图 19
《天使报喜》
祭坛右侧墙壁上的马赛克
镶嵌墙面
马蒂亚·莫雷蒂

图 20
《基督受洗》
祭坛正后方墙壁上的马赛
克镶嵌墙面
马蒂亚·莫雷蒂

图 21（见下页）
《基督受洗》中基督低下
的头的局部细节
马赛克拼贴画

特定的优雅气质相融合，呈现出真正的艺术品质。马苏奇在工程的最初阶
段完成了第一批图纸，上面展示的檐口属于最早版本的建筑设计方案，后
来这个方案应委托人的要求进行了修改，以增大祭坛画的尺寸。[6]1721—1724
年间，他在拉塔路圣母堂完成了《天使报喜》和《基督受洗》[7]（图 19—

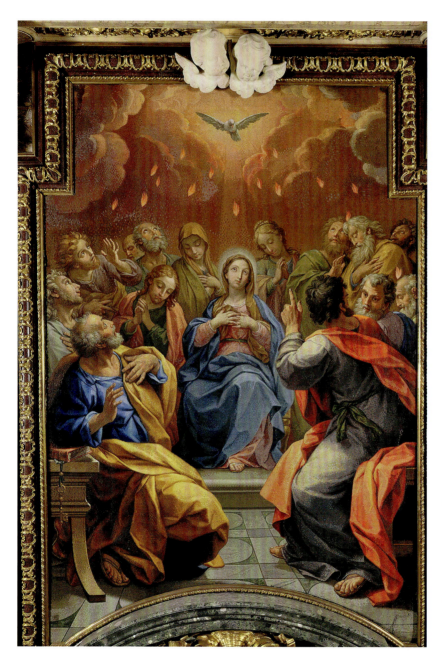

图 22
《圣灵降临》
祭坛左侧墙壁上的马赛克
镶嵌墙面
马蒂亚·莫雷蒂

图 23（见下页）
《圣灵降临》中圣母玛丽
亚和两个女性形象的局部
细节
马赛克拼贴画

图 21），据悉，《基督受洗》有多个版本。和之前的版本相比，这些图纸中
的版本只有一些细微的不同，其中有些是应委托人的特别要求而修改的。[8]
至于第三幅画——《圣灵降临》，马苏奇则创作了一幅全新的作品（图 22
和图 23）。根据一份很有名的档案——1743 年 2 月 6 日的《给画家的建

议》[9]——可以推断，与建筑设计的命运不同，这些设计一经完成就得到了热情的认可——这表明这位罗马画家完美地满足了君主以及他的顾问卡尔博内神父的期许，或许，也令宫廷建筑师卢多维塞本人非常满意。这些画的原型是布面油画，然后修改成将画作转换为马赛克所需要的版本，但依然为布面油画的形式。在阿威罗博物馆保存的各种版本中，值得特别关注的是送去给委托人审核的《天使报喜》的第一版设计。[10]（图24）这个版本被送去了里斯本，但应该还有一个副本送去了罗马，交给马赛克工匠来执行，这个副本还需要由大师来润饰。[11]据知，成为最后作品参考原型的一幅绘画作品《基督受洗》，得到了1500斯库多的酬金，而同时至少还有两个版本分别得到了1000斯库多和600斯库多的报酬。[12]可以确定的是，由卡洛·马拉塔为梵蒂冈大教堂创作的相同主题的绘画《受洗》[13]即是这幅画参考的原型，然而，

图24
《天使报喜》
布面油画
阿戈斯蒂诺·马苏奇，创作于1742年前后
藏于里斯本国立古代艺术博物馆，目前出借给阿威罗博物馆展览（inv. 42411 TC）

这件作品还有另外一个更加重要、更加权威的原型，即大约17世纪由安德烈·萨基为圣约翰·拉特兰洗礼堂所绘制的祭坛画，这幅画保存现状堪忧，近期才被收入梵蒂冈美术馆，因而鲜为人知。[14]

　　将礼拜堂的祭坛画转化为马赛克形式的想法很早就形成了；在一份日期标记为1742年10月26日的文献[15]中，就已经有关于此事的讨论，不过当时还没有最终决定。技术上做这种选择，非常明确地显示出国王希望在礼拜堂与圣彼得大教堂之间建立直接的理念关联，因为在圣彼得大教堂中，马赛克担当着重要角色，这种艺术形式不仅被应用于大面积的墙面装饰，同样也被选择用以取代所有的祭坛画。若昂五世对马赛克技术有着直接的了解，他曾经委派皮埃特罗·保罗·克里斯托法里为他制作了一幅肖像，肖像原型由一位不知名的创作者绘制，画中是国王与他的王后奥地利的玛丽亚·安娜，这幅肖像已经失传。[16]后来，国王还熟悉了马蒂亚·莫

雷蒂的作品，这位马赛克艺术家最终被选中负责将礼拜堂的三幅祭坛画转换成马赛克形式，而且他还是一幅品质相当高的肖像画的创作者——这幅画描绘的是希腊神话的女预言家西比尔，采用了与之前克里斯托法里所创作的作品不同的风格和技法。[17] 一份非常有意思的文献中显示，马蒂亚·莫雷蒂提交了两份预算：一份是仿效克里斯托法里的祭坛画的方法制作马赛克作品的价格，另一份是以他的《西比尔》（图 25）为原型制作的一幅优质马赛克作品的价格。第二份预算明显高出一截，因为在《西比尔》这幅画中，马赛克镶片面积更小，所需相应的马赛克拆解技法更加复杂；因此，创作的时间也要长许多[18]，这些原因促使第二份的预算估价数额过高，达到了 20,000 斯库多。第一份预算是根据皮埃特罗·保罗·克里斯托法里前不久为圣约翰·拉特兰洗礼堂的科尔西尼礼拜堂制作的克莱门特七世大幅肖像的花费计算得出的——这幅作品的尺寸为 100 平方掌（掌是一个长度计量单位，一掌等于展开的手掌从拇指指尖到小指指尖的距离）。每平方掌30 斯库多，那一幅作品就花费了 3000 斯库多，且材料的成本不包含在内。关于圣约翰礼拜堂的三幅祭坛画，第一份预算按此比例，预估花费 9210斯库多，外加 1228 斯库多用于切割和打磨，总 计 12,000 斯库多。第二份预算是如何计

图 25
《西比尔》
马赛克拼贴画
马蒂亚·莫雷蒂，1737
藏于佛罗伦萨乌菲齐画廊
（暂时外借）（inv. 875）

算的，档案中也解释得非常清楚：如果马赛克镶片要"比科尔西尼礼拜堂的同一幅画小，且画中包含与我的画作《西比尔》中相似的头部和身体"，那么每平方掌的花费将从 35 斯库多增加到 46 斯库多，因而全画需要 14,122 斯库多；此外，还需要 2043.55 斯库多用于购买更多的原材料，以及 3840 斯库多用于支付四个工人至少八年的工资。[19] 因此，按照这种方式，将列出的项目全部加在一起，总计花费达到了 20,002.55 斯库多。

在最近的修复工作中还发现了另一个重要的技术，即这些马赛克有着极其精细的纹理，在铺设之前还需要对镶片的侧面进行打磨——支付给工人的镶片切割和打磨费用账目证实了这一结论。[20] 事实上，这是消除所有不规则之处并获得几乎完全防水的表面的唯一可行方法。研究发现，马赛克所需的玻璃供应者是知名的熔炼大师阿莱西奥·马蒂奥利，当时在罗马唯有他能生产出各种不同的红色系玻璃，不同深浅的橘色、黄色，特别是那些公认最难制造的颜色：各种粉色和肉色。他能够生产出一种名为"橘皮"玻璃的珍稀品种，这种玻璃在冷却阶段会形成一层薄薄的深色表层。这种玻璃另一个极有价值的重要品质是它的不透明性和色彩的均匀度——可以尽可能削弱马赛克镶嵌片的实体感，从而模拟出绘画的效果。[21]

阿莱西奥·马蒂奥利不仅可以供应平板玻璃，还可以提供"在熔炉中拉制"的马赛克玻璃片，这一技术是后来注定声名大噪的梵蒂冈微型马赛克的雏形。[22] 每 9684 磅重的平板彩色玻璃，只能产出 461 磅的拉制玻璃或"拉丝"玻璃——也就是说，比例约为 20∶1。[23] 因此，只有很少量的玻璃被制作成特定的尺寸和切片——可能是三角形或矩形——容许艺术家在创作人物图案和几何构图时使用以达到特定效果。在此后，拉斐尔及其团队，以及梵蒂冈马赛克作坊里的其他大师们，在拼嵌那些知名的微型马赛克作品时，使用的都是在坩埚中拉制的玻璃，但这些玻璃并非如此；它们极可能是在熔炉中生产出来，使用了"拉制"技术，直到今天依然有某些马赛克艺术家使用这种技术，他们都是那个知名流派的继承者。[24] 那时，这种玻璃的生产，也可能是使用更为传统的威尼斯起源的技术，也就是"杆拉法"——仅仅用一根杆子拉出半流体状态的熔融玻璃，拉展这团"糨糊"，用焊钳来塑形，直至玻璃形成一根长长的棍子或杆子，样子很像百科全书的插图里用于制作气压计的管子。[25]

总的来说，三幅祭坛画和马赛克地面所需要耗费的材料相当多；总计使用了重达 9692 磅的玻璃，约合 3200 千克。[26]

马赛克表面，比方说地面上的马赛克表面，使用了一种专门的技术进行打磨抛光，这种技术在当时应该是非常典型的做法，但今天我们却对其细节所知甚少。[27]1748 年的一份谈及圣彼得大教堂中一幅由皮埃尔·萨伯雷拉斯完成的圣巴兹尔肖像的文献指出，为了打磨和抛光，肖像被平放在地面上，由此我们可以得知，这些画的打磨和抛光是提前在作坊内进行的，而不是在安装时进行的。[28]打磨和抛光的工作，并非由马赛克艺术家完成，而是由技艺熟练的工人操作。[29]为了打磨表面——也就是说为了获得抛光完美的地面——需要使用一种金刚砂粉末，工人用其摩擦表面，直至表面变得完全平整，再进行抛光，令表面越来越精细，然后用轻石连续反复处理，去除极为清浅的划痕和细缝。[30]为了进行这项操作，他们使用了一种名为"熊"的器械，那是一块沉重的白榴凝灰岩——通常是拟灰岩或火山熔岩，上面带一个手柄，前后移动手柄，石头便可以移动，仿佛熊的脚步一般。工人们推着它在马赛克表面反复移动，过程中不断加水保持表面湿润，便能得到极为光滑的表面，最后再用小铅片蘸取一种草酸粉末做成的具有极为轻微腐蚀性的超细研磨膏在表面反复摩擦。今天我们开始使用现代材料，这种操作过程也已经发生变化了。过程中还需要使用到一种以希腊柏油为原料的树脂——一种松香或天然松脂，以保护马赛克镶片的边缘，避免出现龟裂，并防止研磨过程中被磨下来的物质渗透到空隙中。完成打磨和抛光后，工人们开始"上针"——即用针来清除马赛克镶片之间的树脂、基底的油灰或水泥浆的残留物。圣彼得工坊的一些档案中显示，"上针"是用方形针头的针来进行的——方形的截面有助于更加轻松地取出需要被移除的物质。[31]如此，便可以得到一个平整均匀、坚固耐用的一体化表面。整个作品会在不同支撑物上完成不同的部分，为了将凝灰岩板制作的石头部分、马赛克镶片、鎏金黄铜条等所有部分拼接在一起，就必须"使用金刚砂和小砂轮"打磨各部件的边缘，直到完全光滑，可以黏附在黄铜条上。[32]为了消除镶片因不连续性可能造成的所有肉眼可见的不平整，马赛克制作者又一次采用了与罗马圣彼得大教堂的马赛克祭坛画使用过的相似的技术：用蜂蜡涂抹表面、上色，以精确匹配镶片不同的色调。这项技术不仅应用于祭坛画，同样也用在了地面上（图 26）——地面正是最近的修复工作中被显著增色的部分——这项技术令我们能够恢复其正常的品质，使其再次清晰鲜明起来，同时，通过对档案的研究，也能重新发现它众多的历史细节和技术细节。地面是诸多石匠的集体劳动成果，由皮埃特

图 26（见下页）
地面
马赛克、大理石、黄铜鎏金

图27（见前页）
地面（星象仪局部细节）

图28
地面（花卉装饰和金属带状装饰的局部细节）

图29（见下页）
地面（花卉装饰局部细节）

罗·保罗·罗托隆恩监督，人员包括占列尔莫·帕里特、尼古拉·奥诺弗里和朱塞佩·奥塔维亚尼；他们的工头应该是恩里科·埃诺，他们曾经在圣彼得大教堂的项目中协同工作过，是一个经验丰富的团队。[33] 罗托隆恩还使用白榴凝灰岩作为马赛克和其他所有独立部件的基底。[34] 为了与已经完成的石浩部分协调统一，马赛克镶嵌工人们需要应对很多马赛兑转换的技术难题——路易吉·万维泰利在起草方案时是毫无约束的，比方说"丝带需在前述的斑岩背景上飘荡舞动"。[35] 接着，文件中还说："以颜色渐深的绿色斑岩用于前述的有扇形饰边的匾额，匾额向两侧呈弧线弯曲，渐渐缩小，并在椭圆的两侧各形成一个涡卷饰纹"。[36]（图27）在我看来，马赛克地面非常忠于万维泰利的风格理念，同时表现出了一种创造力，从根源上说，这种创造力是基于对转换为最终作品所用技术的全面了解，

通晓复杂的切割过程，对特性截然不同但都珍贵而耐用的材料研究深入，令这些材料在对形式价值的表达中完美地融为一体。与之前的例子相比，这里的新奇之处在于具象性的元素，首先是位于椭圆形内的星盘——椭圆形外环绕着花环，垂花装饰向外探出，蔓延到由斑岩构成的两片宽大的镜面区域——在缤纷的大理石框内，是一圈交错缠绕的玫瑰花结，与鎏金的黄铜轮廓相邻，设计格外新颖，既突出了礼拜堂内地面装饰与墙壁装饰之间的联系，形成了整体统一的效果，又构建了各自真正独一无二、前所未有的样貌。[37]（图 28 和图 29）罗马圣依纳爵堂的祭坛是一个很重要的范例，不仅因为它是在 1742 年之前几年才建成的，要解决许多和当前工程委托相同的技术问题，同样也因为这座耶稣会委托建造的教堂工程，有很长的一段时间都有德国建筑师卢多维塞参与其中，他是工程的奠基者，不久之后，他便担任了葡萄牙的宫廷建筑师，并指导皇家建筑工程：马夫拉女修道院和如今已经不复存在的里斯本主教大教堂。[38]

筹建委员会除国王外，还包括宫廷建筑师与耶稣会的顾问卡尔博内神父，他们会面讨论罗马建筑师们的创意和技术专长，力求在珍稀材料的品质与要表达的艺术趣味和特性之间达到平衡——这种平衡是材料的艺术价值和本身的固有价值之间的平衡，是物质和形式的平衡。事实上，委员会清楚明了地要求"在所述的礼拜堂中，材料自身的价值珍贵程度需与艺术的异想天开同样闪耀"，这些材料需要是"最贵重的、品位最好的"。[39]而最后成果的宏伟壮丽也离不开另一个关键品质：材料的耐久性。这让我们仿佛回到了罗马圣彼得工坊的工作现场，看到了在极具争议性和戏剧性的决定背后的长时间的技术讨论，比方说将原本大多数使用布面油画的祭坛画替换为玻璃马赛克的形式，在材料的形式品质和珍贵特性之上又增加了耐久性。尽管由于介质的限制，圣约翰礼拜堂和圣彼得大教堂许多祭坛画的玻璃也都发生了变化，但直到今天，这些马赛克本来的颜色依然能令我们叹服，并帮助我们去解读原本的画作，那些画作由于黏合剂、清漆的使用和不断变化的保存状态，很多地方都已经褪色或发生毁坏。[40]

注 释

1 Jörg GARMS, 'La cappella di S. Giovanni Battista nella chiesa di S. Rocco a Lisbona', in Sandra Vasco ROCCA, Gabriele BORGHINI (eds.), *Giovanni V di Portogallo e la Cultura Romana del suo Tempo (1706–1750)*, Rome, Àrgos Edizioni, 1995, pp. 113–122; Mario ROTILI, La vita di Luigi Vanvitelli, Naples, Società Ed. Napoletana, 1975, p. 106; Anna GIANNETTI, 'Luigi Vanvitelli', in Cesare DE SETA (ed.), *Luigi Vanvitelli e la sua cerchia* (exhibition catalogue), Caserta, Comitato Nazionale per le Celebrazioni del III Centenario della Nascita di Luigi Vanvitelli (1700–2000), 2000, p. 32.

2 Armando SCHIAVO, *La Fontana di Trevi e le altre opere di Nicola Salvi*, Roma, Istituto Poligrafico dello Stato 1956, p. 197, 此书中提出万维泰利担任次要角色，后来加姆斯（Garms）的著作中认为其作用要更重要一些。

3 尼古拉·萨尔维单独签署过一些账目，其中一份是1746年7月15日提交的账目，包括礼拜堂穹顶的大理石花饰、一尊未完成的大理石雕像以及其他列明的项目，总计金额386斯库多，1746年8月9日由尼古拉·萨尔维签署，见BIBLIOTECA DA AJUDA (Lisbon), Ms. 49-VIII-15, c. 247。另一份由尼古拉·萨尔维单独签署的账目是关于木质小雕像的草图的，设计师受命制作，为了复制这些雕像，设计师们不得不前往工程施工的不同地点，见B.A., Ms. 49-VIII-15 c. 459 (1746)。

4 Nicoletta MARCONI, ' "La prestigiosa collazione delle macchine del Zabaglia" e la "scuola" di meccanica pratica della Fabbrica di San Pietro', in Angela MARINO (ed.), *Sapere e saper fare nella Fabbrica di San Pietro: 'Castelli e ponti' di maestro Nicola Zabaglia 1743* (Paolo Portoghesi edition), Rome, Gangemi, 2008, pp. 54–91.

5 Elisa DEBENEDETTI, 'Gli Altari in Duomo e altri altari urbinati', in Giuseppe CUCCO (ed.), *Papa Albani e le arti a Urbino e a Roma 1700–1721*, Rome, Marseilles, 2001, p. 318.

6 现在已知的有关工程委托的第一份文献，是1742年10月26日的信件。参见Francisco Marques de Sousa VITERBO, R. Vicente d'ALMEIDA, *A capella de S. João Baptista erecta na Egreja de S. Roque*, Lisbon, Livros Horizonte, 1997, p. 105 (1st edition 1900)。

7 Vittorio CASALE, in Sandra Vasco ROCCA, Gabriele BORGHINI (eds.), *op. cit.*, p. 360.

8 Sandra Vasco ROCCA, 'Le committenze pittoriche di Giovanni V', in Sandra Vasco ROCCA and Gabriele BORGHINI (eds.), op. cit., pp. 318–321. 如想了解从最初的设计版本到最后施工的版本变化的更加详细的讨论，可以参见Carlo Stefano SALERNO, 'A preciosidade da matéria e a "bizzaria da arte" : projecto, organização, direção dos trabalhos, coordenação dos mesteres e encomenda', in Teresa Leonor M. VALE (ed.), *A Capela de São João Batista da Igreja de São Roque. A encomenda, a obra, as coleções*, Lisbon, Imprensa Nacional Casa da Moeda-Santa Casa da Misericórdia de Lisboa, 2015, pp. 92–98。

9 S. Francisco Marques de Sousa VITERBO and R. Vicente d'ALMEIDA, *op. cit.*, p. 112.

10 关于原型的分析，参见Vittorio CASALE, *op. cit.*, p. 351, 以及 Carlo Stefano SALERNO, *op. cit.*, pp. 92–98。

11 Francisco Marques de Sousa VITERBO, R. Vicente d'ALMEIDA, *op. cit.*, p. 112, *Advertencia* of 6 February 1743.

12 B.A., Ms. 49-VIII-22, no. 109.

13 Vittorio CASALE, *op. cit.*, p. 360.

14 Claudia TEMPESTA, 'Le storie del Battista in San Giovanni in Fonte', in R. BARBIELLINI AMIDEI, L. CARLONI, C. TEMPESTA (eds.), *Andrea Sacchi 1599–1661* (exhibition catalogue), Rome, Ed. De Luca, 1999, p. 45; Ann Sutherland HARRIS, *Andrea Sacchi*, Oxford, Phaidon, 1977, pp. 82-84, 84-89; Carlo Stefano SALERNO, *op. cit.*, p. 94.

15 Francisco Marques de Sousa VITERBO, R. Vicente d' ALMEIDA, *op. cit.*, p. 105.

16 See Paola Ferraris in Sandra Vasco ROCCA, Gabriele BORGHINI and Paola FERRARIS (eds.), *Roma Lusitana Lisbona Romana* (exhibition catalogue), Rome, Àrgos Edizioni, 1990, p. 59; citing only T. Espanca, *Inventario Artistico de Portugal*, Lisbon, Academia Nacional de Belas-Artes, 1966, pp. 30–31.

17 这幅马赛克作品现存于佛罗伦萨皮蒂宫的银器博物馆中，这是按照德桑帕约的遗嘱留给红衣主教内里·科尔西尼的(Alvar GONZÁLEZ-PALACIOS, 'Provenzale e Moretti: indagini su due mosaici', in *Antichità viva*, XV, no. 4, Dec. 1976, pp. 29–30, 32–33, and Paola Ferraris in Sandra Vasco ROCCA, Gabriele BORGHINI and Paola FERRARIS (eds.), *Roma Lusitana, Lisbona Romana, op. cit.*, p. 60。

18 B.A., Ms. 49-VIII-19, no. 152–155 (1750). 这个信息源于一份晚期的文件，是一份对1743年合同的修订版，这个修订版是强加给马赛克艺术家们的，旨在降低成本；曼努埃尔·佩雷拉·德桑帕约于1750年去世，之后，他的继任者安东尼奥·卡布拉尔神父担任起了缩减之前数年中面对的巨额花费的任务。同样，这些合同是由萨尔维和万维泰利联合签署的。

19 B.A., Ms. 49-VIII-19, no. 155 (1750).

20 这些工作指示由乔万·巴蒂斯塔·达维尼和他的同伴吉奥·马里亚·马里尼、菲利波·皮奇里利和洛伦佐·瓦莱受命执行。B.A., Ms. 49-VIII-13, no. 396。

21 关于阿莱西奥·马蒂奥利，参见Carlo Stefano SALERNO, *op. cit.*, p. 109; Cesare MORETTI and Carlo Stefano SALERNO, 'Contributi allo studio dei materiali e delle composizioni degli smalti per i mosaici della Basilica di San Pietro tra il XVI e il XVIII secolo', in *Quaderni Friulani di Archeologia*, XVI, no. 1, Dec. 2006, pp. 13–23; 另见Maria Grazia D'AMELIO, Carlo Stefano SALERNO, 'Virtù e difetti degli smalti settecenteschi di Alessio Mattioli: la qualità delle tinte e la loro alterazione dalle prime critiche del chimico Alessandro Martelli alle indagini sui mosaici della Basilica Vaticana nel periodo dell'occupazione francese', in C. FIORI, M. VANDINI (eds.), *Ravenna Musiva. Conservazione del Mosaico Antico e Contemporaneo. Atti del Convegno*, Bologna, Ante Quem, 2010, pp. 521–532。

22 B.A., Ms. 49-VIII-13, no. 188是平板玻璃的付款凭证; B.A., Ms. 49-VIII-13, no. 199为"1744年7月22日马蒂奥利提交的5月16日所用马赛克绘画的拉制玻璃的账目"。

23 B.A., Ms. 49-VIII-23, no. 289 (1753).

24 1821年，"熔炉拉制玻璃"这个说法依然使用。玻璃匠人西尔维斯特罗·佩里科利收到了"黄色熔炉拉制玻璃"和"黄色灯拉玻璃"的款项：Archivio della Reverenda Fabbrica di S. Pietro (Vatican), ARM. 12 G 14 B, c. 496 and c. 497。拉制技术使用压模板或是拉制机器，这一信息我是从一位已故的同事伊丽莎白·安塞尔米处获得的，她的家族是一个马赛克艺术世家，为梵蒂冈马赛克作坊工作。

25 See Denis DIDEROT, Jean D'ALEMBERT, *Encyclopédie ou Dictionnaire raisonné des Sciences, des Arts et des Métiers*, vol. X, pl. XXI, 'Verre en bois'; 对于这项技术，参见Marco VERITÀ, 'La tecnologia vetraria veneziana e i contenuti dell'opera', in Luigi ZECCHIN (ed.), *Il ricettario Darduin: un codice vetrario del Seicento trascritto e commentato*, Venice, Arsenale Ed., 1986, p. 31。

26 在B.A., Ms. 49-VIII-15, no. 54 (1746) 中包含一份"圣彼得工坊阿莱西奥·马蒂奥利1744年10月3日至1745年7月28日……关于葡萄牙皇家礼拜堂的绘画以及装饰的全部账目"。

27 关于石头抛光，我们得到的罕有却涉及面很广的信息来自Leon Battista ALBERTI, *L'architettura (De re aedificatoria), testo latino e traduzione a cura di Giovanni Orlandi* (introduction and notes by Paolo Portoghesi), Milan, Ed. Il Polifilo, 1966, vol. II, book VI, ch. X, p. 504; Agostino DEL RICCIO, *Istoria delle Pietre, 1597* (facsimile edition by P. Barocchi), Florence, Studio per Edizioni Scelte, 1979. 在扎巴利亚的版画中，第一次描绘了"熊"的样子："由白榴拟灰岩或其他粗糙的石头制成，上有凹槽，有棍子或手柄牢牢固定，使用目的是在砖面铺好后令表面平整，并在此过程中使其保持湿润"，见Angela MARINO, ' "Castelli e ponti" di maestro Nicola Zabaglia', in A. MARINO (ed.), *op. cit.*, vol. XI, p. 6。

28 ARCHIVIO R.F.S.P., ARM. 43, E, N. 90, 1748.

29 ARCHIVIO R.F.S.P., ARM. 43, E, N. 90, 1749；其中98斯库多支付给托马索·阿尔贝蒂尼，因其为圣彼得教堂的唱经楼做的打磨和抛光工作。这是一笔相当大的数目，值得注意的是，打磨工和抛光工不是马赛克艺术家。

30 1749年的ARCHIVIO R.F.S.P.中有关于唱经楼装饰的内容，列出了打磨和抛光所需的各种材料。在各种材料中，出现了打磨和抛光用的蜡、白色洗涤粉、制作"熊"用的石膏、轻石、针、炭，从中可以看出最后的抛光程序会用到蜡，参见ARCHIVIO R.F.S.P., ARM. 43, E, N. 90 c.479。

31 ARCHIVIO R.F.S.P, ARM. 43, E, n. 92, ARM. 43, E, note 91.

32 B.A., Ms. 51-X-32, no. 89.

33 See Carlo Stefano SALERNO, *op. cit.*, p. 108.

34 B.A., Ms. 51-X-32, no. 83, B.A., Ms 51-X-32, no. 87.

35 B.A., Ms. 51-X-32, no. 390.

36 B.A., Ms. 51-X-32, no. 88.

37 关于路易吉·万维泰利在工程中和地面画作原型中所负责工作的更详细的讨论，参见Carlo Stefano SALERNO, *op. cit.*, pp. 104–105。

38 Bruno CONTARDI, 'L'altare di San Luigi Gonzaga in Sant'Ignazio', in Alberta BATTISTI (ed.), *Andrea Pozzo*, Milan-Trento, Luni Editrice, 1996, p. 97. 关于耶稣会圣伊纳爵堂的祭坛，参见Vittorio DE FEO, 'Le cappelle e gli altari', in Vittorio DE FEO and Valentino MARTINELLI (eds.), *Andrea Pozzo*, Milan, Electa, 1996, pp. 70–71, 114–143, 126; Pio PECCHIAI, *Il Gesù di Roma*, Rome, Società Grafica Romana, 1952, p. 132。

39 Francisco Marques de Sousa VITERBO and R. Vicente d'ALMEIDA, *op. cit.*, p. 105.

40 Cesare MORETTI, Teresa MORNA, Teresa MEDICI, Carlo Stefano SALERNO and Marco VERITÀ, 'Glass weathering in eighteenth century mosaics: the São João Chapel in the São Roque Church in Lisbon', *II International Conference on Glass Science in Art and Conservation. Supplement*, Valencia, no. 9 (Dec. 2008), pp. 37–40.

第 3 章 雕 塑

施洗者圣约翰礼拜堂的雕塑元素：雕塑在建筑整体效果中的地位和功能

在已知的涉及施洗者圣约翰礼拜堂工程委托的文献中，最早的一份便是里斯本王室于 1742 年 10 月 26 发出的信件，这封信广为人知、经常被提及，信中指示：需要在罗马完成"并装潢一座献给圣灵和施洗者圣约翰的礼拜堂，该礼拜堂将位于我们宫中；为了保证符合上述礼拜堂所处的位置，寄上其平面图，从墙中拱门的外观及至教堂飞檐檐口的波纹线，另有一幅为内部的正视图，以及显示侧面和入口以及礼拜堂上方的讲坛的二次上色图。"[1] 这封信中没有提及关于教堂雕塑的具体内容。佩雷拉·德桑帕约大使与耶稣会神父若昂·巴普蒂斯塔·卡尔博内之间有关礼拜堂委托的大部分信件中都是如此。关于礼拜堂的雕塑元素的施工，信息远不如所需要的丰富和详细。

我们基于对保留下来的信件和其他因此目的而产生的材料分析，完成了一份关于教堂工程委托的时间表，其中有两份涉及雕塑元素的参考文献值得注意：

1744 年 3 月 9 日，一封从里斯本发出的信件，包含了关于礼拜堂项目施工的多项指示，其中关于雕塑的段落引用如下——这段内容还显示出了里斯本的王室对伦巴第雕塑家乔瓦尼·巴蒂斯塔·马伊尼的高度重视，马伊尼曾经参与过马夫拉宫的项目，并且也要参与到主教大教堂的工程中——"在正面祭坛画上方放置了由两个天使拱卫的十字架，为了丰富一些，这里设计了大型的光晕，以免需要填充这块区域，那是非常费力的工作；上述十字架和光晕是由青铜鎏金制成，天使为大理石，特别提醒：指示中只说明雕塑的安放位置和方向，因为雕塑必须由马伊内（原文如此）先生完成，如果他无法完成礼拜堂内的全部工作，有其他能与其旗鼓相当之人，可由其他人参与。"[2]

1745 年 9 月 15 日——里斯本寄出的一封信中提到了对礼拜堂各部分花费成本的预估，根据曼努埃尔·佩雷拉·德桑帕约大使从罗马发出的信息，我们认为这份评估应该是由建筑师兼银匠若昂·弗雷德里科·卢多维塞所

第 64—65 页
浮雕《施洗者圣约翰沙漠传道》中的小天使和花饰（局部细节）
贝尔纳迪诺·卢多维西
（参见图 39）

图 30
浮雕《施洗者圣约翰沙漠传道》（局部细节）
卡拉拉大理石
贝尔纳迪诺·卢多维西

做，因为信中有如下内容："同样，根据艺术家们的名字判断，卢多维塞认为礼拜堂内的一些作品并不会价格太高，因为都是些天使、小天使之类的，另外他对于简单的装饰性的雕塑形成了一个更好的想法。"[3]

文献的相对缺乏从根本上反映了雕塑在工程整体效果中的作用，施洗者圣约翰礼拜堂确实是一件非凡的建筑作品，而雕塑只在其中占据衬托的地位。与同时代的其他工程不同，若昂五世为里斯本的耶稣会教堂委托修建的礼拜堂并没有让雕塑起到任何主要作用。事实上，路易吉·万维泰利的工程理念是：从根本上说，礼拜堂是一件建筑作品，其中雕塑是一个附件，尽管必不可少，但不能超出我们所理解的装饰性元素的范围。巴洛克"整体美学"的理念在当时依然非常盛行，广泛应用于礼拜堂这种大型工程的建设中，但是雕塑的作用主要是为建筑增添生气，作为工程整体要传达的（相当简单的）图像方案的辅助。

从这个角度来看，施洗者圣约翰礼拜堂并不是一个孤立的或例外的案例。罗马18世纪最后出现的一个包含了重要的雕塑元素的大礼拜堂，可能是圣约翰·拉特兰大教堂中的科尔西尼家族礼拜堂，该堂于1732年动工，1735年初完成，当年1月17日举行祝圣仪式。这座礼拜堂由受科尔西尼家族庇护的佛罗伦萨建筑师亚历山德罗·伽利莱（1691—1737）设计，然而这座礼拜堂，无论是规模，还是建筑设计，都不能与罗马为里斯本的圣罗克教堂施工建造的礼拜堂相提并论。事实上，科尔西尼礼拜堂的建筑师参考了由出身科尔西尼家族的克莱门特十二世选出的另外两座教皇礼拜堂（罗马的圣玛丽亚·马焦雷大教堂中的西斯廷礼拜堂和保利纳礼拜堂），最终选择了一种中央集中式的平面布局（确切地说，是希腊十字布局结构），而小得多的施洗者圣约翰礼拜堂则采用了长方形的平面布局。此外，拉特兰的礼拜堂是家祠，也就是说，这里必然存在着墓碑，而且必然会有一个与墓碑紧密相关的以美德为表现主题的形象标志；这就意味着雕塑会更加重要，会包含圆雕和浮雕，雕塑在这里的作用，比所参考的两座教皇礼拜堂的原型更加突出显著。

由于施洗者圣约翰礼拜堂是为宗教目的而建造的，要参考的就是特征相似的其他工程，而18世纪40年代已经不是罗马从事此类工程的鼎盛时期。事实上，出于这个目的而可以纳入参考的范例，都是稍早一些的——特别是知名的圣菲利普·内里礼拜堂（圣菲利波·内里，又名安塔莫罗），这座礼拜堂位于圣吉罗拉莫慈善教堂内，由菲利波·尤瓦拉（1676—

1736）于 1707 年设计。建筑师将这里狭小的矩形空间转换为充满趣味的椭圆形，突破了空间本身的严格限制，并在顶壁上开出了一个椭圆形的镂空门洞，在门洞前面，是雕像《狂喜的圣菲利普·内里》，由雕塑家小皮埃尔·勒格罗（1666—1719）创作。尽管在布局、采光等方面的建筑设计不同，由此也自然导致了不同的空间特征，但圣吉罗拉莫慈善教堂的安塔莫罗礼拜堂和施洗者圣约翰礼拜堂之间依然有着显著的密切关联——特别是雕塑的外观，尤其是屋顶上的雕塑。圣罗克教堂的礼拜堂和圣吉罗拉莫慈善教堂的礼拜堂都选择用雕塑来为穹顶增添活力，两个礼拜堂中都有翩翩飞舞的小天使，并且都有引人注目的描绘它们要敬献的守护圣徒的浮雕。在里斯本，分别是卡洛·马尔基翁尼创作的《圣母拜访圣伊丽莎白》和贝尔纳迪诺·卢多维西创作的《施洗者圣约翰沙漠传道》，在罗马的礼拜堂中，两个浮雕分别是《圣菲利普·内里在圣卡利斯托墓穴》和《圣菲利普·内里见证忏悔者的灵魂升入天堂》，两个雕塑均由小皮埃尔·勒格罗创作，同样位于礼拜堂的两侧。

上述材料强调了施洗者圣约翰礼拜堂中的雕塑并不能被视作具有主导作用，考虑到这些，按照我们现在的方式努力去寻找接近这些雕塑作品的途径，就变得非常重要：也就是说，分析这些作品时，有必要将同一批艺术家创作的其他更多作品作为背景，这些艺术家大多数都是罗马 18 世纪上半叶非常知名的雕塑家。我们相信，根据这些艺术家的其他作品来理解他们对施洗者圣约翰礼拜堂做出的贡献，将有助于更好地欣赏他们为里斯本教堂的这座礼拜堂所创作的作品的品质；令我们得以了解这里的作品在他们的艺术生涯中的重要性，并理解在 18 世纪中期那么多活跃在罗马的雕塑家中，为什么是这些雕塑家脱颖而出。

意大利雕塑家们的参与和贡献

并非所有雕塑家都是意大利人——负责施洗者圣约翰礼拜堂雕塑的团队中就有一名法国人和一名比利时人——但所有的雕塑家在 18 世纪上半叶的罗马雕塑界都非常活跃。不到 20 年前，马夫拉宫圣母和圣安东尼大教堂的工程委托订购了大量的意大利雕塑，施洗者圣约翰礼拜堂的工程与那时一样，对雕塑家的选择似乎取决于雕塑家是否有充足的时间。选择是由若昂五世在罗马的代理人曼努埃尔·佩雷拉·德桑帕约做出的，其选择的标准信念是：所有入选的人都是优秀的艺术家，有能力参与到葡萄牙国王的工程中，然而，葡萄牙大使自然无法选择当时活跃在罗马的最好的雕塑家。一方面，其中一些人正在参与其他工程；另一方面，这项委托对伟大的雕塑家来说，并不是特别有吸引力——不要忘了，在施洗者圣约翰礼拜堂的整体效果中，雕塑部分并未被赋予首要的或重要的地位。最后，还要考虑到雕塑工程的特点（即并不需要任何大型的雕塑或浮雕），所以，当需要的作品能够信任地交托给一些收费较低的艺术家完成时，还去花大价钱找知名的雕塑家就不合理了。值得注意的是，节省成本是里斯本和罗马之间的信件中永恒的话题——马夫拉宫的雕塑委托也是同样的情况。[4]

另一方面，佩雷拉·德桑帕约大使尽力去招募已经在葡萄牙广为人知并受到高度评价的雕塑家，如贝尔纳迪诺·卢多维西和乔瓦尼·巴蒂斯塔·马伊尼。马伊尼参与的工程还包括为金银器塑模，他备受葡萄牙王室的尊重和敬仰，这一点可以从前面引用的1744年3月9日的信件中看出——因此，尽管他作为雕塑家参与的工作本质上是为其他领域的作品（藏品中的金银器和珠宝）提供模型，但专门用来讨论雕塑作品的这个章节也必须将他包括在内。

有一个不可避免的问题是：18世纪罗马雕塑界最重要的两个人物的缺席，这两个人便是彼得罗·布拉奇（1700—1773）和菲利波·德拉瓦莱（1698—1768）——两位艺术家都有口皆碑，在当时已经声名卓著，并且曾经为葡萄牙工作过（马夫拉宫中就有两位艺术家的雕塑作品）。[5]就德拉瓦莱而言，情况更加难以理解，众所周知，他还负责修建了曼努埃尔·佩雷拉·德桑帕约大使的墓碑，墓碑位于葡萄牙圣安东尼奥教堂的纯洁之胎圣母礼拜堂内（而且还要考虑到内里·马里亚·科尔西尼红衣主教可能在选择中发挥了决定性的作用，因为他自然倾向于选择菲利波·德拉瓦莱这样的佛罗伦萨雕塑家）。

我们认为布拉奇和德拉瓦莱缺席未能参与施洗者圣约翰礼拜堂的雕塑主要有两个原因。一个原因与工程本身的特点相关——计划中，礼拜堂的雕塑作品并不包含人型尺寸的雕塑或浮雕，因此（主要从里斯本的视角来看）没有理由花大价钱请著名的雕塑家，因为这些作品的创作可以委托给收费不那么高的艺术家。另一个原因可能是雕塑家无暇接受委托。18世纪40年代是两位雕塑家非常活跃的时期，他们都负责了重要的大型工程。

考虑到这些情况，已经可以解释和理解为什么这些艺术家的作品没有出现在施洗者圣约翰礼拜堂了。

有七位雕塑家参与了施洗者圣约翰礼拜堂的工作——五个意大利人，一个法国人，一个比利时人——后两个人虽然不是意大利人，但在礼拜堂修建时期都活跃于罗马。这些艺术家和他们在礼拜堂中的作品可以确定的如下：

安东尼奥·科拉迪尼（1668—1752）[6]：两个天使（大理石），位于通向礼拜堂的拱门上方的皇家徽记两侧；三个小天使的头部（大理石），位于穹顶的衬壁上。（图32和图33）

阿戈斯蒂诺·科尔西尼（1688—1772）[7]：一组小天使（大理石），位于穹顶上，在祭坛左侧；两个丘比特（大理石），位于穹顶上，在祭坛左侧浮雕的两侧。（图34和图35）

多梅尼科·焦万尼尼（活跃于18世纪上半叶）：皇家盾形纹饰（大理石），位于通往礼拜堂的拱门上方，以及相应的石膏模型和蜡制模型；花饰（大理石），位于穹顶的两幅浮雕的两侧；由安东尼奥·科拉迪尼负责雕刻的天使的模型（石膏）。多梅尼科·焦万尼尼似乎是参与施洗者圣约翰礼拜堂的雕塑家团队中的一个特例，然而事实并非如此。这位艺术家在里斯本耶稣会教堂的小礼拜堂的工程中，除了负责委派给他的工作之外就不再

图32
计划委派给雕塑家安东尼奥·科拉迪尼负责的两个天使
《维勒图集》图18，f.61
藏于巴黎国立高等美术学院图书馆（Ms. 497）

图 33
位于通向礼拜堂的拱门上
方的天使
卡拉拉大理石
安东尼奥·科拉迪尼

负责其他工作，尽管这种现象最初看来似乎有些奇怪，但通过进一步的文献研究，我们找到了答案。文献表明，焦万尼尼并非一个雕塑家，而是一个大理石雕刻师或普通石料雕刻师，在所有的付款记录中都是这样称呼的，只是这些记录总是与该付给雕塑家的款项一同出现。[8]

图 34
计划委派给雕塑家阿戈斯
蒂诺·科尔西尼负责的一
对小天使和两个小天使的
头部
《维勒图集》图 15，f.49
藏于巴黎国立高等美术学
院图书馆（Ms.497）

图 35
浮雕《圣母拜访》外侧的
小天使
卡拉拉大理石
阿戈斯蒂诺·科尔西尼

皮埃尔·德莱斯塔切（约 1688—1774）[9]：两组小天使（大理石），位于礼拜堂侧墙画框顶部；四个小天使的头部（大理石），位于穹顶的衬壁上。（图 36 和图 37）

贝尔纳迪诺·卢多维西（1694—1749）[10]：《施洗者圣约翰沙漠传道》，完成于 1733 年至 1744 年（浮雕，大理石），位于祭坛右侧的穹顶上；两个丘比特和两个小天使的头部，完成于 1744 年（大理石），位于上述浮雕的外框两侧和上方；八个小天使的头部，1744 年完成（大理石），

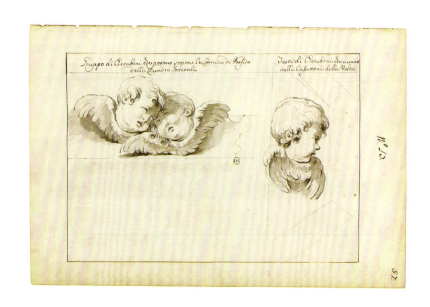

图 36
计划委派给雕塑家皮埃尔·德莱斯塔切负责的两组小天使和四个小天使的头部
《维勒图集》图 17，f. 57
藏于巴黎国立高等美术学院图书馆（Ms. 497）

图 37
一对小天使
位于浮雕《施洗者圣约翰沙漠传道》上方
卡拉拉大理石
皮埃尔·德莱斯塔切

图 38
计划委派给雕塑家贝尔纳迪诺·卢多维西负责的浮雕《施洗者圣约翰沙漠传道》
《维勒图集》图 12，f. 39
藏于巴黎国立高等美术学院图书馆（Ms. 497）

图 39
浮雕《施洗者圣约翰沙漠传道》以及小天使和花饰
卡拉拉大理石
贝尔纳迪诺·卢多维西

位于穹顶的衬壁上；两个丘比特的模型，1744年完成（后由银匠安东尼奥·阿里吉制作），位于大弥撒祭坛的正面两侧。（图 38 和图 39）

卡洛·马尔基翁尼（1702—1786）[11]：《圣母拜访》（浮雕，大理石），位于祭坛左侧的穹顶上。（图 40）

图 40
浮雕《圣母拜访》以及小
天使和花饰
卡拉拉大理石
卡洛·马尔基翁尼

　　彼得·安东·冯·费斯哈费尔特（1710—1793）[12]：两个大天使，位
于祭坛正面的波纹线上；一组小天使，环绕在同一祭坛正面的金属十字架
底部，他同时还负责制作这些作品的模型；祭坛正面银和天青石制成的浮
雕的蜡制模型（浮雕后由银匠安东尼奥·阿里吉制作）；位于侧门上方的
一组小天使头部的模型，以及礼拜堂内其他一些装饰性雕塑元素的模型。
（图 41—图 44）

图 41
计划委派给雕塑家彼
得·安东·冯·费斯哈费
尔特负责的两个大天使和
一组小天使
《维勒图集》图 16，f. 53
藏于巴黎国立高等美术学
院图书馆（Ms. 497）

图 42
祭坛画上方｜字架两侧的　对大天使
卡拉拉大理石
彼得·安东·冯　器和哈器尔特

图 43
一组小天使
位于祭坛画上方的十字架
底部
卡拉拉大理石
彼得·安东·冯·费斯哈
费尔特

图 44
敬拜的天使
位于祭坛画上方
卡拉拉大理石
彼得·安东·冯·费斯哈
费尔特

注 释

1 BIBLIOTECA DA AJUDA (Lisbon), Ms. 49-VIII-27, p. 1, § 1.

2 B.A., Ms. 49-VIII-27, p. 29; 这封信的副本收录在B.A. Ms. 49-VIII-28和Ms. 49-VIII-29当中，Francisco Marques de Sousa VITERBO and R. Vicente d'ALMEIDA, *A Capella de S. João Baptista Erecta na Egreja de S. Roque*, Lisbon, Livros Horizonte, 1997, pp. 114–117 (1st edition 1900)收入了这封信。

3 B.A., Ms, 51-III-68, f. 185, pub. by Francisco Marques de Sousa VITERBO and R. Vicente d' ALMEIDA, *op. cit.*, p. 144.

4 Teresa Leonor M. VALE, *A Escultura Italiana de Mafra*, Lisbon, Livros Horizonte, 2002.

5 布拉奇制作了圣菲利克斯·德瓦罗亚（1731年）和圣佩德罗·诺拉斯科的雕像，两座雕像都放置在入口处的门廊，而德拉瓦莱制作了圣杰罗姆雕像（1733年），是用于主座大教堂的内部装饰的；玛塔的圣约翰雕像也是他的作品——参见Teresa Leonor M. VALE, *A Escultura Italiana de Mafra*, Lisbon, Livros Horizonte, 2002, pp. 55–57, 71–73, 以及此处前文提到的所有图书。

6 关于科拉迪尼，参见Monica De VICENTI, 'Piacere ai Dotti e ai Migliori. Scultori Classicisti del Primo "700" ', in Giuseppe PAVANELLO (dir.), *La Scultura Veneta del Seicento e del Settecento. Nuovi Studi*, Venice, Istituto Veneto di Scienze, Lettere ed Arti, 2002, p. 236, 该文中提及了一篇更详尽的传记：Bruno COGO, *Antonio Corradini Scultore Veneziano*, Este, Libreria Gregoriana Estense, 1996, pp. 36–39, 60–62, 这篇传记是迄今为止关于这位艺术家的最重要的资料；另外参见Antonella PAMPALONE, 'Il progetto di Ferdinando Fuga per un busto di Benedetto XIV di Antonio Corradini: nuovi documenti sulla "Sapienza" di Roma', in Elisa DEBENEDETTI (dir.), *Studi sul Settecento Romano. Palazzi, Chiese, Arredi e Scultura*, vol. I, Rome, Bonsignori Editore, 2011, pp. 155–170, 以及Anne-Lise DESMAS, *Le Ciseau et la Tiare. Les sculpteurs dans la Rome des Papes 1724–1758*, Rome, École Française de Rome, 2012, pp. 284–292。

7 关于阿戈斯蒂诺·科尔西尼，参见Jennifer MONTAGU, 'D. João V and Italian sculpture', in Jay A. LEVENSON (ed.), *The Age of Baroque in Portugal*, London - New Haven, Yale University Press, 1993, p. 84, 以及Jennifer MONTAGU, 'João V e la Scultura Italiana', in Sandra Vasco ROCCA and Gabriele BORGHINI (dir.), *Giovanni V di Portogallo e la Cultura Romana del suo Tempo*, Rome, Àrgos Edizioni, 1995, p. 398。

8 cf. B.A., Ms.46-XIII-9, f. 194, Ms. 49-VIII-13, f. 247, no. 161, Ms. 49-VIII-14, no. 22, no. 70, no. 211, no. 334, no. 442, no. 541, Ms. 49-VIII-15, no. 8, no. 241, no. 338, Ms. 49-VIII-16, f. 207, Ms. 49-IX-22, f. 149, f. 175, f. 203, f. 213, f. 226, f. 229, f. 243, f. 256, f. 267, f. 298, f. 308, f. 316, f. 755, Ms. 49-IX-31, pp. 113, 126, 140, 175, 185, 196.

9 关于皮埃尔·德莱斯塔切，特别参见Anne-Lise DESMAS运营的网站 www.lestache.com。

10 关于贝尔纳迪诺·卢多维西，特别参见Robert ENGGASS的系列文章：'Bernardino Ludovisi I: the early work', in *Burlington Magazine*, vol. CX (785), Aug. 1968, pp. 438–444, 'Bernardino Ludovisi II: the late work', in *Burlington Magazine*, vol. CX (786), Sept. 1968, pp. 494–501, 'Bernardino Ludovisi III: his work in Portugal', in *Burlington Magazine*, vol. CX (788), Nov. 1968, pp. 613–619, 以及 'Lo Stato della Scultura a Roma nella Prima Mettà del Settecento', in Sandra Vasco ROCCA and Gabriele BORGHINI (dir.), *op. cit.*, pp. 429–433；相关的近期作品还有：Olga MINERVINO, 'Nuovi Contributi su Bernardino Ludovisi Scultore Romano' in Elisa DEBENEDETTI (dir.), *Scultura Romana del Settecento La Professione dello Scultore*, vol. I, Rome, Bonsignori Editore, 2001, pp. 271–339。

11 有关马尔基翁尼在雕塑方面的资料，特别参见Francesco PETRUCCI, 'Contributi su Carlo Marchionni Scultore', in Elisa DEBENEDETTI (dir.), *Sculture Romane del Settecento. La Professione dello Scultore*, vol. I, *op. cit.*, p. 37。

12 cf. Joseph August BERINGER, *Peter A. von Verschaffelt*, Strasbourg, 1902; A. ANSELMI, 'La Decorazione Scultorea della Facciata di S. Maria Maggiore', in *Ricerche di Storia dell'Arte*, vol. XL, 1990; Antoine CAHEN, 'Les Prix de Quartier à l'Académie Royale de Peinture et de Sculpture', in *Bulletin de la Société de l'Histoire de l'Art Français*, 1993 (1994), pp. 61–84; François SOUCHAL, 'Quelques Sculptures Retrouvées du XVIIe Siècle', *in Bulletin de la Societé de l'Histoire de l'Art Français*, Paris, 1996 (1997), pp. 95–106.

第4章　金　属

照亮建筑的金光

施洗者圣约翰礼拜堂建筑表面的每一处，都因金属的存在而变得生动，建筑之中表现力强的元素，也因为这些金属而增色。（图45—图47）

覆盖在这些金属元素表面的金色光芒，给圆柱和壁柱的底座、柱身、柱头都增添了光彩；突显了楣饰、拱边和拱门；此外还被应用于一系列的

第80—81页
拱边上的楣饰细节
弗朗切斯科·罗萨
（参见图48）

图45
侧门之一
金属鎏金
西尔韦斯特罗·多里亚

图47（见下页）
侧门门板（中央部分）
金属鎏金
西尔韦斯特罗·多里亚

图46
计划委派给西尔韦斯特罗·多里亚负责的施洗者圣约翰礼拜堂侧门门扇
《维勒图集》图40，f.117
藏于巴黎国立高等美术学院图书馆（Ms.497）

图 48
拱边上的楣饰
金属鎏金
弗朗切斯科·罗萨

图 49
计划委派给弗朗切斯科·
罗萨负责的拱边楣饰
《维勒图集》图 34，f. 101
藏于巴黎国立高等美术学
院图书馆（Ms. 497）

图50
祭坛桌的装饰（正面）
金属鎏金
安东尼奥·阿里吉

装饰性细节上，令栏柱间的空间和宽大的墙壁上以其他方式分割出的空间变得鲜活生动。（图48—图50）

参与施洗者圣约翰礼拜堂金属装饰元素制作的人有许多，来自和金属加工相关的多个工种。如人们所能想到的，有金属匠人、冶炼工、铸造工，不过也有银匠，甚至还有锁匠和铁匠。如果我们考虑一下在18世纪上半叶罗马官方对金属加工业务是如何组织运作的，以及金属加工作品的制作背景，这种情况就比较容易理解了。

事实上，要找到有能力提供金属艺术方面的综合性解决方案的作坊，为受教育程度越来越高、要求越来越多的客户服务，一般是可以实现的；在一家作坊里会拥有掌握不同技术、从事不同专业领域的人（他们通常由家庭关系联系在一起）。[1]一家作坊中，通常会有一名以上的银匠，至少一人会拥有特许证书（如官方行会的授权书），此外还有其他的工人和学徒在师父的指导和监督下工作。这些银匠作坊通常会有一个铸造区，这是制造金银制品所必需的；银匠作坊也通常是从这一区域扩展出非贵金属领域；家族中的其他成员，如果没有获得银匠的特许证书，就会从事金属加工。在这些作坊中，还有可能找到另一片应用于另一个备受欢迎的专业领域的区域——不仅仅是在金属加工里受欢迎——鎏金区域。这些作坊是工业的雏形，在18世纪上半叶的罗马极为繁荣（尽管可以追溯到更早的时代），

因而容纳了很多专业人士，他们所从事的工作各种各样，范围极广——银匠、金属匠人、铜匠[2]——但为了保证作坊的正常运作，他们通常会聚集在一起联合协作。

因此，毫不奇怪，在为施洗者圣约翰礼拜堂创作的金属元素艺术品中，我们可以看到许多人的劳动成果——金属匠人、冶炼工和铸造工、铜匠、银匠，还有锁匠和铁匠。从事非贵金属艺术的专业人才——为了方便起见，我们将其统称为金属匠人——包括：弗朗切斯科·安尼巴尔迪、西尔韦斯特罗·多里亚、乔瓦尼·保罗·凯泽、彼得罗·马谢利、安杰洛·里奇亚尼、朱塞佩·里奇亚尼、弗朗切斯科·罗萨和阿戈斯蒂诺·瓦莱。另外还有五位银

匠参与了非贵金属艺术的工作：安东尼奥·阿里吉、弗朗切斯科·贾尔多尼、弗朗切斯科·圭里尼以及弗朗切斯科·斯米蒂和加埃塔诺·斯米蒂兄弟。（图51—图56）

索萨·维泰尔博和维森特·德阿尔梅达从一开始就提到了这些金属匠人[3]，尽管由于两位作者对他们承担的项目鉴别不太精准，所以整体描述也不太准确。比方说乔瓦尼·保罗·凯泽和朱塞佩·里奇亚尼，二人被称为铜匠，实际上是金属匠人，他们为礼拜堂创作的作品，与被两位作者认定为金属匠人的其他专业人士的作品不相上下。

关于这些积极参与了礼拜堂建设的人，能找到的信息非常稀少。虽然他们是高素质的专

图 54（见上页）
外观为字母 J 和 V 的墙面镶板局部细节
金属鎏金
安东尼奥·阿里吉

图 55（上）
计划委派给弗朗切斯科·贾尔多尼负责的圆柱的柱头和底座
《维勒图集》图 29, f. 89
藏于巴黎国立高等美术学院图书馆（Ms. 497）

图 56（右）
柱头
金属鎏金
弗朗切斯科·贾尔多尼

业人士，拥有重要的技术专长，但他们不是艺术家，不会引起重要的学术研究的关注，因而可以找到的信息主要来自原始的资料。葡萄牙驻罗马大使的账册中以相关的付款文件形式为他们的参与提供了证明，除此之外，在某些案例中，还有另一类型的档案能提供进一步研究的可能——这就是18世纪上半叶罗马各个教区的登记册（登记册每25年起草一次：分别是1700年、1725年和1750年）。这种登记册被称作"灵魂档案"，其中要登记家庭中的各个成员，同时包含他们的年龄、职业等信息，这些档案构成了关于当时罗马人口的宝贵的信息来源。（图57和图58）

如前所述，很显然，还有多位银匠也在施洗者圣约翰礼拜堂的普通金属元素装饰工作中发挥了重要作用，其中一些也同样被委派了专门的金银元素的加工工作。参与的银匠中有五个人的身份可以确认如下：安东尼奥·阿里吉（1687—1776），弗朗切斯科·贾尔多尼（1692—1757），弗朗切斯科·圭里尼（1709—1772），以及弗朗切斯科·斯米蒂（1711—1755）

图 57
计划委派给弗朗切斯科·圭里尼负责的栏杆格栅
《维勒图集》图 43，f. 125
藏于巴黎国立高等美术学院图书馆（Ms. 497）

图 58
带有皇家字母花押字的格栅（局部细节）
金属鎏金
弗朗切斯科·圭里尼

和加埃塔诺·斯米蒂（1702—1770）兄弟。关于弗朗切斯科·斯米蒂和加埃塔诺·斯米蒂兄弟，有一点值得注意，他们与葡萄牙之间存在着多种联系。首先，他们的父亲——同样是一名银匠，原籍安特卫普——曾经于1700年从罗马来到葡萄牙，与他同行的人是来自德国的银匠和作坊主约翰·弗雷德里希·路德维希（Johann Friedrich Ludwig），一同受雇于耶稣会（路德维希后来成了若昂五世的建筑师，将自己的名字改写成了葡萄牙语，即著名的"弗雷德里科[Frederico]"，姓氏变成了卢多维塞[Ludovice]）。斯米蒂兄弟的父亲曾经到过葡萄牙这一点可能发挥了一定的作用，促使他们家族坐落于佩莱格里诺大道的作坊被选中制作徽章，这个徽章通常被称作"葡萄牙纹章"。[4]

兄弟二人都是银匠，他们还为礼拜堂制作了很多金银艺术藏品；由于二人在同一家作坊工作，使用的是相同的商标印记，更别说付款都是优先记录在弗朗切斯科的名下，所以很难将二人的作品区分开来。

这份关于金属装饰元素的极简短的回顾，让我们看到了在金属加工艺术中有诸多不同行业人士的参与，将作品设计塑造为实体，由此可以看出，他们对施洗者圣约翰礼拜堂的整体艺术工作做出了不可忽视的决定性贡献。事实上，这些金属元素的存在，与大理石的色彩和谐辉映，不仅有助于礼拜堂整体上的金碧辉煌的表达效果，而且在某些方面更加强化了这种效果。

注　释

1 关于在18世纪的意大利，特别是在罗马，银器制作（以及金属加工）作坊的组织形式，能找到的资料非常少。以下文章可以作为参考：AAVV, *Le Botteghe degli Argentieri Lucchesi del XVIII Secolo* (exhibition catalogue, Museo Nazionale di Palazzo Mansi, Lucca, Jul. –Oct. 1981), Florence, Studio per Edizione Scelte, 1981, pp. 27–36; Franco FARANDA, *Argentieri e Argenteria Sacra in Romagna dal Medioevo al XVIII Secolo*, Rimini, Luisè Editore, 1990, pp. 19–33; Jennifer MONTAGU, 'The practice of Roman baroque silver sculpture', in *Silver Society Journal*, no. 12, Autumn 2000, pp. 18–25; Gabriele BARUCCA and Jennifer MONTAGU (dir.), *Ori e Argenti. Capolavori del '700 da Arrighi a Valadier*, Milan, Skira Editore, 2007, pp. 13–21 (ch. 'La bottega degli Arrighi')。

2 现存于阿如达图书馆的葡萄牙驻罗马大使的支付账簿中出现了这些意大利原文称呼：*argentiere, metallaro, ottonaro*。

3 Francisco Marques de Sousa VITERBO and R. Vicente d'ALMEIDA, *A Capella de S. João Baptista Erecta na Egreja de S. Roque. Fundação da Companhia de Jesus e Hoje Pertencente à Santa Casa da Misericordia. Noticia Historica e Descriptiva*, Lisbon, Livros Horizonte, 1997, pp. 88–89 (1st edition 1900).

4 Elisa DEBENEDETTI(ed.), *Artisti e Artigiani a Roma I, Degli Stati delle Anime del 1700, 1725, 1750, 1775*, (Studi Sul Settecento Romano, 20), Rome, Bonsignori, 2004, p. 384.

第三部分

收　藏

第 1 章　银　器

施洗者圣约翰礼拜堂中独一无二的银器收藏

卓越的银器藏品

在 20 世纪 60 年代中期，一位意大利作者的一篇文章中指出，圣罗克教堂的施洗者圣约翰礼拜堂的金银制品收藏在制造时就是一个和谐一致的艺术整体，"其材料的宝贵，与艺术风格和技法的完美性，都有着不可估量的价值"。[1] 作者接着补充说，在意大利的任何一个地方，即便是罗马，也没有一批银器收藏能拥有如此完美、如此和谐的艺术整体性。[2] 事实上，施洗者圣约翰礼拜堂藏品中的意大利巴洛克风格金银器的确是独一无二的。将这些收藏与同时代的艺术品相比较，甚至是与同一批艺术家的作品相比较，对于任何全面的研究和评估都至关重要，但这种比较只能针对单件的艺术品进行。自然，可以在意大利，特别是罗马，找到同一批艺术家在当时完成的类型完全相同、形态和装饰上有明显相似的作品；然而，从概念构思和设计的时刻到其实体的实现，没有任何收藏是与之真正相似的，而这是一个值得比较的方面。

与此最接近的例子是教皇本尼狄克十四世（本名兰贝蒂尼）送给他的家乡博洛尼亚圣彼得大教堂的金银艺术品，不过，这也并非真正的一套，并非从一开始就被整体设计，而是一组在时间上非常接近的作品集合，其中有部分作品是由负责施洗者圣约翰礼拜堂收藏的同一批艺术家完成的。[3] 在圣彼得大教堂的珍品库中，确实有一些艺术品与施洗者圣约翰礼拜堂在罗马制作的艺术品存在着明显的关联；实际上，藏品中有一个香炉和一个香船，本来是银匠安东尼奥·吉利为里斯本的礼拜堂制作的，但后来，曼努埃尔·佩雷拉·德桑帕约大使遵奉若昂五世的命令，赠送给了教皇，教皇又将其赠给了博洛尼亚的教堂。[4]

由此，我们发现，我们要面对的是一组极为特殊的作品，将其视作一个整体来看的话，可能是葡萄牙国内乃至全世界最重要的一组了，因为里斯本主教大教堂异常丰富的藏品都已经被毁了。我们将分析这些作品本身，并利用可以找到的文献，尽全力给出最全面的描述。

第 92—93 页
祭坛装饰（局部细节）
金属鎏金
安东尼奥·阿里吉

第 94—95 页
计划委派给银匠维琴佐·贝利负责的银鎏金水壶和水盆组合（局部细节）
（参见图 71）

委托

　　这组金银器的委托是整个施洗者圣约翰礼拜堂的大型委托项目的一部分，由一封于 1744 年 3 月 9 日从里斯本发出的专门文件启动，这份文件名为："金银等制品的账目，由罗马为圣罗克教堂中献给圣灵和施洗者圣约翰的最虔诚的礼拜堂提供服务；如果不能在礼拜堂之前运抵，必须和礼拜堂一起运抵。"[5] 这份巨细无遗的文件中几乎提及了后来被实际制作的所有作品，明细如下：被称作"高贵系列"的祭坛台系列（包括 6 个烛台及其各自的十字架），两个祭器台烛台，1 对大烛台，3 个银灯，30 个烛台，8 个圣物匣，1 个游行用圣体匣（黄金），1 个圣餐杯和 1 个圣体匣（同样为黄金），两个圣水钵（1 个白银，1 个银鎏金），1 对佐料瓶及各自配套的洗手碟（银鎏金），1 个洗指碗，1 个焚香炉和 1 个香船（配香匙），又 1 对佐料瓶（白银），1 个圣铃，1 个圣饼盒，1 个游行十字架，4 个灯笼，6 个华盖杆和 1 件祭坛正面装饰浮雕。[6] 这份文件中还强调说："这份委托中包含的所有艺术品……都需要尽善尽美，并且尽快完成，运输时各自装箱，以保证今后不使用时能存放在相应的箱子中。"[7] 不过，这份文件并没有完全涵盖全部的委托，因为在里斯本于 5 月 21 日发出的一份建议通告中提及了游行用品，其中有关于游行用圣体匣的专门指示——确切地说，文件规定圣体匣必须有一个基座，以便在用于展示圣体时能将其高度提升一些，并且这个基座不能太重，以确保圣体匣在游行时方便搬运。[8]

　　值得注意的是，在委托的初始阶段，有一些艺术品没有被提及——也就是说，有些艺术品并没有出现在 1744 年 3 月和 5 月的这两份文献中，但正如之后不久的文献所表明的，其创作工作也立刻开始了，和上述委托中专门提及的艺术品几乎保持同步的速度。

　　弥撒经卡就是如此——3 张银的，3 张青铜的——由银匠安东尼奥·文代蒂制作。尽管在 1744 年 3 月和 5 月的信件中都没有提及这两组弥撒经卡，但事实上，在 1745 年 12 月，文代蒂就收到了为它们支付的第一笔报酬[9]——和参与制作 1744 年的订单中所列艺术品的其他银匠同时。因此，也许可以认为，弥撒经卡是在上述两封信件之后不久被委托制作的。

　　在里斯本和罗马之间随后的通信往来中，可以追踪到这些艺术品委托的执行情况，葡萄牙驻罗马大使的账册中妥善记录的（定期）付款能提供进一步印证。这些账册制作了相应的副本，以便能寄送给葡萄牙。

对艺术品的描绘

和我们之前提过的施洗者圣约翰礼拜堂的雕塑元素情形相同，皇家礼拜堂的金银器物收藏中包含的艺术品也都被描绘为图，出现在《维勒图集》中 [10]。（图 59—图 61）

这部图集是关于圣罗克教堂中皇家礼拜堂的金银器收藏的最重要的图像信息，也是能帮助我们研究已经失传的艺术品的唯一信息。事实上，有些艺术品，我们仅能在《维勒图集》中看到。比方说，在展示圣餐的仪式时使用的 30 个烛台，由于时间和历史的变迁，这些烛台都已经遗失；又比如，收藏中唯一的圣体匣（由银匠托马索·波利蒂制作），或者其他的金器——比方说由银匠洛伦佐·德卡波拉利（约 1712—1777）制作的圣餐杯和由银匠弗朗切斯科·普林其瓦莱制作的圣体匣。可以说，这些图画至关重要——因此，本书中特别收录了这些画。

艺术品在罗马的展览

在对那些艺术品本身进行系统性分析之前，这个专门介绍金银器收藏的章节中值得提及的最后一点，是关于艺术品在被送往葡萄牙之前在罗马展览的事情。葡萄牙大使曼努埃尔·佩雷拉·德桑帕约的这一举动完全符合罗马精神，同时也符合我们今天所称的"战略性形象工程"；他非常清楚，罗马贵族一向是美丽事物的崇拜者，将这些非凡的艺术品展现在他们眼前，对于传播葡萄牙国王异常富有的观念并暗示他所拥有的权力会有多么大的帮助。[11] 因此，在 1747 年 4 月，大使临时租用了当时属于卡波尼侯爵夫人的宫殿中的几个房间 [12]，并委托庆典承办人弗朗切斯科·费利齐亚尼对房间内部进行华丽装饰。向费利齐亚尼付款的账目记录可在阿茹达图书馆中找到。[13] 这些手稿中包含了执行施工的任务清单以及产生的费用（如租用纺织品的费用），令我们得以了解为了展示施洗者圣约翰礼拜堂（以及

图 59
计划委派给银匠安东尼奥·阿里吉负责的祭坛正面装饰
《维勒图集》图 55，f. 169
藏于巴黎国立高等美术学院图书馆（Ms. 497）

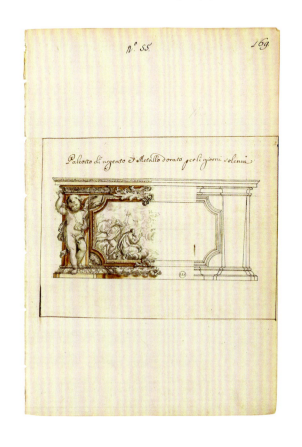

图 60
祭坛正面装饰（描绘的是
《启示录》中的一幕场景）
银和青金石
安东尼奥·阿里吉，1749—
1750 年间在罗马制作
（inv. MPr. 10）

图 61（见下页）
祭坛正面装饰（局部细节）

主教大教堂）定制的最非凡、最宝贵的艺术品而专门建造的背景和舞台的
绝对规模。比方说，我们可以得知，在 1747 年 4 月 23 日，卡波尼侯爵夫
人的宫殿中的多个房间都被装潢一新，为施洗者圣约翰礼拜堂定制的工程
中的一些元素和艺术品已经陈列其中。为此，在空地中搭建了一个帐篷，
帐篷的帷幕下面，陈列着各种展品，从穹顶（或者是穹顶的一部分）到绘
画（毋庸置疑是阿戈斯蒂诺·马苏奇的一幅作品，他的画是祭坛和侧墙上
的马赛克拼贴画的底本），此外还包括壁柱及其他各种物品。

　　罗马的报纸《柴拉卡斯平常日报》没有错过这桩大事，该报于 1747
年 4 月 29 日用了整整五个版面记录这次展览，盛赞这些艺术品，并指出
其中某些作品是由哪些艺术家完成的。[14]

　　另一场为里斯本制作的艺术品的展览于 1749 年 9 月 10 日举行，这次
是在大使的宅邸举行，也就是之前提过的皮洛塔广场的宫殿。这一次，为
了能恰到好处地展示一尊为主教大教堂制作的真人大小的银鎏金纯洁之胎
圣母像，专门搭建了一个天篷。圣母像被从加利亚尔迪的作坊运送到大使
的宫殿，宫殿中的展品还包括整座祭坛壁架上的艺术品，以及一系列烛台，
烛台放置在"观众厅"内搭建的人造石的一张桌子上；[15]此外，这场展览
中还有由安东尼奥·阿里吉为施洗者圣约翰礼拜堂制作的壁龛。值得一提
的是，宫殿中的"中国厅"为大家提供了茶点。[16]

曼努埃尔·佩雷拉·德桑帕约精心策划的这些盛大的展览和典礼是为了向罗马贵族——特别是与德桑帕约有交往的教皇和教廷——展示葡萄牙王室和国王的权势、艺术修养与品位。

创作者：参与艺术品创作的银匠和雕塑家

根据来自里斯本的详细指示，葡萄牙大使曼努埃尔·佩雷拉·德桑帕约在罗马所承担的最初任务就是招募有时间且经验丰富的银匠来打造这一大批艺术品。这绝非一项简单的任务，大使自然向我们前面提及的安东尼奥·阿里吉求助，阿里吉是一个银匠，至少在18世纪20年代就已经开始为葡萄牙王室工作。之后，又有许多其他银匠加入，有些已经是在罗马业界享有盛名和威望的，如安杰洛·斯皮纳奇和维琴佐·贝利，还有一些人不是那么出名或为人们所了解，比如，安东尼奥·吉利、卡洛·瓜尔涅里、托马索·波利蒂和弗朗切斯科·安东尼奥·萨尔奇，等等。

在之前关于施洗者圣约翰礼拜堂的金银器收藏的研究中，有一个方面几乎从未被谈及，这便是雕塑家们也参与到了金银器的制作中。事实上，由雕塑家设计和塑模，然后交由银匠来完成制作，在18世纪的罗马是非常普遍的现象，在其他地区也是如此，比如那不勒斯。

对圣罗克教堂皇家礼拜堂的银器收藏研究后发现，至少有四位雕塑家参与了上述工作：三位来自意大利的雕塑家阿戈斯蒂诺·科尔西尼（1688—1772）、贝尔纳迪诺·卢多维西（1694—1749）、乔瓦尼·巴蒂斯塔·马伊尼（1690—1752）和活跃在罗马的佛兰德斯雕塑家彼得·安东·冯·费斯哈费尔特（约1710—1793）。科尔西尼负责为祭坛正面上的浮雕《无声的高贵》（还包括十字架和一系列烛台）塑模，后来由安东尼奥·阿里吉施工制作；卢多维西负责为前述正面浮雕两侧的天使塑模。马伊尼负责为祭坛壁架的十字架上的耶稣塑模，并参与设计了大烛台；至于费斯哈费尔特，一直以来都被认为是枝形吊灯和礼拜堂中三盏日常使用的灯的设计者。值得注意的是，所有这些艺术家也都参与了礼拜堂的雕塑元素的施工（马伊尼除外，但10年前他参与了马夫拉宫的工作）。

收藏

施洗者圣约翰礼拜堂的金银器收藏保存到今天的，有如下艺术品：

祭坛正面浮雕，描绘的是《启示录》中的场景，安东尼奥·阿里吉

（1687—1776）制作；

1 对大烛台，朱塞佩·加利亚尔迪（1697—1749）和莱安德罗·加利亚尔迪（1729—1804）制作（图 62 和图 63）；

4 个圣物匣（内有圣瓦伦丁、圣普罗斯珀和殉难的圣菲利克斯、圣乌尔班的圣骨），卡洛·瓜尔涅里（1710—1774？）制作（图 64—图 66）；

弥撒经卡（两组，每组 3 幅，1 组为白银和银鎏金，1 组为青铜鎏金），安东尼奥·文代蒂（1699—1796）制作（图 67）；

1 套大弥撒用的祭坛用品，安杰洛·马里亚·斯皮纳奇、乔瓦尼·费利切·萨尼尼（1727—1787）、托马索·波利蒂（1717—1796）和弗朗切斯科·安东尼奥·萨尔奇（1715—1766）制作；耶稣的形象由雕塑家乔瓦尼·巴蒂斯塔·马伊尼塑模（图 68）；

1 套日常使用的祭坛用品(6 个烛台和 1 个十字架,青铜鎏金和天青石)，安东尼奥·阿里吉制作；

1 对书柜用的烛台，乔瓦尼·费利切·萨尼尼制作（图 69 和图 70）；

水壶和水盆（成套），维琴佐·贝利（1710—1787）制作（图 71 和图 72）；

弥撒仪式用整套餐具（1 对佐料瓶和托盘，圣爵、圣餐杯、圣铃、圣水钵和灭烛器），安东尼奥·吉利（约 1704—1761？）制作（图 73—图 78）；

香炉、香船和香匙，莱安德罗·加利亚尔迪制作（图 79 和图 80）；

圣饼盒，弗朗切斯科·斯米蒂（1702—1770）制作（图 81）；

枝形吊灯和 3 盏灯，西莫内·米利耶（1679—1752）制作。

失传的艺术品

施洗者圣约翰礼拜堂的藏品，除了前面已经提到的艺术品之外，还有一些其他的艺术品，如今已经失传。其中有三件是黄金的（图 82—图 84）。根据已经出版的索萨·维泰尔博和维森特·德阿尔梅达的著作以及之后的玛丽亚·若昂·梅代拉·罗德里格斯著作中的评论文章，失传的艺术品中有一些非常重要。[17]

能够通过文献资料掌握到的相关信息非常少，施洗者圣约翰礼拜堂金银器收藏中的一部分是如何丢失的，目前还不清楚。在耶稣会被驱逐后，关于圣罗克教堂中皇家礼拜堂的金银器艺术品的最古老的一份清单，被认为是由神圣主教大教堂的教士路易斯·弗朗西斯科·泽维尔·特列斯·德

图 62
计划委派给银匠朱塞佩·加利亚尔迪负责的大烛台
《维勒图集》图 52，f. 159
藏于巴黎国立高等美术学院图书馆（Ms. 497）

图 63
一对大烛台中的一个
银和青铜鎏金
朱塞佩·加利亚尔迪和莱安德罗·加利亚尔迪
（inv. MPr. 1 和 MPr. 2）

图 64
计划委派给银匠卡洛·瓜尔
涅里负责的圣物匣
《维勒图集》53 号图，f. 163
藏于巴黎国立高等美术学院图
书馆（Ms. 497）

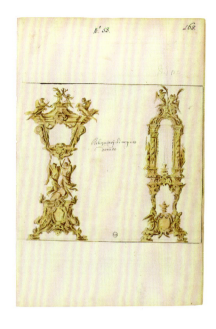

图 65
圣瓦伦丁圣物匣
银和青铜鎏金
卡洛·瓜尔涅里，1753—
1754 年间作于罗马
（inv. MPr. 14）

图 66
圣菲利克斯圣物匣
银鎏金
卡洛·瓜尔涅里，1753—1754
年间作于罗马
（inv. MPr. 17）

图 67
弥撒经卡
白银和银鎏金
安东尼奥·文代蒂，1737—1760 年间在罗马制作
（inv. MPr. 18，MPr. 19 和 MPr. 20）

图 68
祭坛用品组件（大弥撒用十字架和六个烛台）

银鎏金

安杰洛·斯皮纳奇（设计者），乔瓦尼·费利切·萨尼尼、托马索·波利蒂和弗朗切斯科·安东尼奥·萨尔奇（银匠），乔瓦尼·巴蒂斯塔·马伊尼（塑模），1749—1750（？）年间作于罗马
（inv. MPr. 3—MPr.9）

图 69
计划委派给银匠乔瓦尼·费利切·
萨尼尼负责的银鎏金书柜用烛台
《维勒图集》图 74，f. 221
藏于巴黎国立高等美术学院图书馆
（Ms. 497）

图 70
书柜用烛台（1 对）
银鎏金
乔瓦尼·费利切·萨尼尼，1748 年（？）
在罗马制作
（inv. MPr.12 和 MPr. 13）

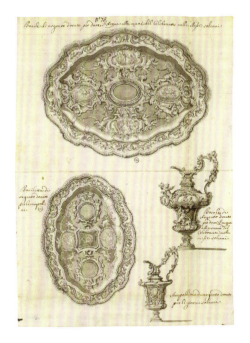

图 71

计划委派给银匠维琴佐·贝利负责的银鎏金水壶和水盆组合

《维勒图集》图 73，f. 213

藏于巴黎国立高等美术学院图书馆（Ms. 497）

图 72

水壶和水盆组合

银鎏金

维琴佐·贝利，1746—1747 年间作于罗马

（inv. MPr. 27 和 MPr. 28）

图 73
弥撒用具：一对佐料瓶和托盘
银鎏金
安东尼奥·吉利，1746—1751 年间作于罗马
（inv. MPr. 11）

图 74
弥撒用具：圣爵
银鎏金
安东尼奥·吉利，1746—1748 年间作于罗马
（inv. MPr. 24）

图 75
弥撒用具：圣餐杯
银鎏金
安东尼奥·吉利，1749—1751 年间作于罗马
（inv. MPr. 23）

图 76
弥撒用具：圣铃
银鎏金
安东尼奥·吉利，1746—
1747 年间作于罗马
（inv. MPr. 25）

图 77
弥撒用具：圣水钵
银鎏金
安东尼奥·吉利，1746—
1747 年间作于罗马
（inv. MPr. 26）

图 78
弥撒用具：灭烛器
银鎏金
安东尼奥·吉利，1746—
1747 年间或 1748—1749 年
间作于罗马
（inv. MPr. 30）

图 79
香炉
银鎏金
莱安德罗·加利亚尔迪，
1749—1750 年间作于罗马
（inv. MPr. 21）

图 80
香船和香匙
银鎏金
莱安德罗·加利亚尔迪，
1749—1750 年间作于罗马
（inv. MPr. 22）

图 81
圣饼盒
银鎏金
弗朗切斯科·斯米蒂，1748
年作于罗马
（inv. MPr. 34）

图 82
计划委派给银匠托马
索·波利蒂负责的黄金圣
体匣（及其底座）（实物
已失传）
《维勒图集》图 75，f. 225
藏于巴黎国立高等美术学院
图书馆（Ms. 497）

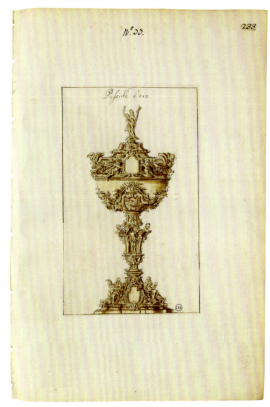

梅洛起草的，他当时担任施洗者圣约翰皇家礼拜堂的管理人，清单标注的日期为 1781 年 10 月 20 日。[18] 在这份清单中，银鎏金的艺术品与现存的艺术品相符，只有灭烛器例外，当时的记录中显示还有两个。另外当时还有八个圣物匣——四个银鎏金的保存到了现在，另外四个是白银的。这些艺术品——一个灭烛器和四个白银圣物匣——在 1812 年时已经不复存在，1812 年时，德梅洛教士签署了一份关于遗失的声明。[19] 来自同一个档案库的其他文件揭示了那个灭烛器和四个圣物匣的命运：事实上，1808 年 10 月 29 日的一份证明书证实，奉朱诺元帅之命，这些艺术品被送去铸币厂熔掉了。[20]

　　至于其他丢失的艺术品，还完全无法确定它们的命运。不过，值得注意的是，索萨·维泰尔博和维森特·德阿尔梅达将弗朗切斯科·斯米蒂制作的圣饼盒归到了丢失的艺术品中，因为他们那时并没有在现存的这件艺术品上看到银匠的商标印记。

图 83
计划委派给银匠洛伦佐·德卡波拉利负责的金圣爵（实物已失传）
《维勒图集》图 76，f. 229
藏于巴黎国立高等美术学院图书馆（Ms. 497）

图 84
计划委派给银匠弗朗切斯科·普林西瓦莱负责的金圣体匣（实物已失传）
《维勒图集》图 77，f. 233
藏于巴黎国立高等美术学院图书馆（Ms. 497）

注 释

1 Ana CANDIAGO, 'Um Tesoro di Oreficeria Romana del sec. XVIII a Lisbona: Gli Argenti di S. Rocco', in *Estudos Italianos em Portugal*, no. 24, 1965, p. 61.

2 *Ibid*, p. 64.

3 Franca VARIGNANA (ed.), *Il Tesoro di San Pietro in Bologna e Papa Lambertini*, Bologna, Minerva Edizioni, 1997.

4 cf. *ibid*, pp. 212–213, nos. 72, 73 (illust. 95, 96).

5 BIBLIOTECA DA AJUDA (Lisbon), Ms. 49-VIII-27, Doc. 8 (pp. 45–52 of the numbering in pencil); 这篇文献的完整版可见Teresa Leonor M. VALE, 'Eighteenth-century Roman silver for the Chapel of St John the Baptist of the Church of São Roque, Lisbon', in *Burlington Magazine*, vol. CLII, no. 1.289, 2010, pp. 528–535.

6 这些艺术品的顺序与手稿中出现的顺序完全一致——参见B.A., Ms. 49-VIII-27, Doc. 8 (pp. 45–52 of the numbering in pencil)。

7 B.A., Ms. 49-VIII-27, Doc. 8, p. 50.

8 B.A., Ms. 49-VIII-27, Doc. 11 (pp. 61–62 of the numbering in pencil), p. 61.

9 cf. B.A., Ms. 49-IX-31, p. 142.

10 Bibliothèque de l'École Nationale Supérieure de Beaux-Arts, Paris, Ms. 497.

11 关于这些展览，参见Teresa Leonor M. VALE, 'Mettere in scena in lusso le mostre di opere d'arte commissionate da Giovanni V di Portogallo in due palazzi romani (1747 e 1749)', in Elisa DEBENEDETTI (ed.), *Studi sul Settecento Romano. Palazzi, chiese, arredi e scultura*, vol. I, Rome, Bonsignori Editore, 2012, pp. 259–272。

12 这里提及的宫殿应该是卡波尼-卡德利宫，位于里皮塔大道，靠近德拉彭娜大道上出租给用于礼拜堂工程建设的地方——参见Jörg GARMS, 'La Cappella di S. Giovanni Battista nella Chiesa di S. Rocco a Lisbona', in Sandra Vasco ROCCA and Gabriele BORGHINI (dir.), *Giovanni V di Portogallo (1707-1750) e la Cultura Romana del suo Tempo*, Rome, Àrgos Edizioni, 1995, p. 119。

13 给弗朗切斯科·费利齐亚尼的付款文件（1747年12月8日）可以参考B.A., Ms. 49-VIII-16, ff. 394–397：“德桑帕约大使阁下在宫殿中的支出账目，卡波尼侯爵夫人1747年4月23日开具。”以及Ms. 49-VIII-16, ff. 400–401：“负责葡萄牙皇家礼拜堂工作的德桑帕约大使阁下的账目，1747年4月23日开具。”另见B.A., Ms. 49-VIII-13, ff. 424–425 (unnumbered)。

14 cf. Luca Antonio CHRACAS, *Diario ordinario*, Roma, no. 4644, 29 April 1747, pp. 6–12.

15 cf. B.A., Ms. 49-VIII-21, ff. 450–457.

16 cf. B.A., Ms. 49-VIII-21, f. 457.

17 cf. Francisco Marques de Sousa VITERBO and R. Vicente d'ALMEIDA, op. cit., pp. 47–50, and Maria João Madeira RODRIGUES, *A Capela de S. João Baptista e as suas Colecções*, Lisbon, Inapa, 1989, pp. 244–245.

18 cf. Arquivo Histórico da santa Casa da Misericórdia de Lisboa (Lisbon), *Inventario da Fabrica da Real Capela de S. Joao Baptista* (SCML/IG/SJB/01/Liv. 001).

19 A.H.S.C.M.L., *Inventario da Fabrica da Real Capela de S. Joao Baptista*, f. 6.

20 cf. A.H.S.C.M.L., *Inventario de Bens. Tesouro da Real Capela de S. João Baptista*, ch. 8, Doc. 3 (银器在特门）被烧的证明文件，1808年10月29日）。

第 2 章　织　物

金的，金的，金的……：施洗者圣约翰礼拜堂的织物收藏

第 116—117 页
"受难"帷幕上的基督受难刑架的局部细节
菲利波·加布里埃利、科西莫·帕特里诺斯特罗
（参见图 92）

一直以来，若昂五世都对珍贵的织物表现出了浓厚的兴趣，并投入了极大的关注，他很清楚那些织物能起到的作用，它们是将他的权威"外在化"为有形形式的手段，与他用来装饰教堂和宫殿的那些象征性的艺术品和宝物十分相似。在若昂五世的手中，对艺术和文化的赞助和奢侈的享受确实是非常有效的工具——他用这些工具来向同时代的人传达当下最伟大的君主应该拥有的一种权威形象，并确保后代能够记住他。尽管织物脆弱易朽，不易保存，但就流通来说，它们具有比其他贵重物品更优越的特质，因为它们容易运输，并能适应各种背景环境和要求。

在委托制作织物时，若昂五世始终都是一个要求严格的赞助人，他总是紧跟最新的时尚潮流。他是一个品位高雅、文雅高尚、有教养的人[1]，对时尚有着源于本性的渴望——也就是说，他把很多注意力投注在了奢侈品之上，投注在了毫无必要却能构成财富和华丽标志的一切物品之上。突出和炫耀这种过剩的豪奢，很大程度上依赖于刺绣，刺绣几乎可以应用于一切用于室内装饰的织物上，或是服装的任何一个甚至所有的部位，肆无忌惮地形成一张无边的装饰大网。绣品是一种备受重视的日用商品，因为它具有巨大的经济价值和商业价值——如果使用了复杂难解的设计、珍贵的材料，技法实现上尽善尽美，就更有价值了。[2]（图 85）

在这些供仪式使用的艺术品的生产过程背后，隐藏着它们作为工具的神学动机：它们旨在帮助使用者与神秘事物发生联系——思考神性之美，借助自身的感官和仪式的手段，来感知神性的超凡。这些美轮美奂的仪式法衣被君主用来装饰葡萄牙许多宗教建筑的圣器，特别是马夫拉大教堂和主教大教堂，这些委托中，既有神学概念，也有政治动机。1744 年开始为里斯本圣罗克教堂的施洗者圣约翰礼拜堂制作的礼拜仪式法衣是这些委托中的最后一项，无疑是截至当时最重要的一项委托。它代表了若昂五世对意大利艺术天才的欣赏的顶峰，终其一生及其整个统治生涯，若昂五世都秉持这种欣赏[3]，因而在一定程度上与同时代其他欧洲强大势力存在着不

图 85
祭坛帷幕
出自大弥撒日使用的白色
法衣组套
朱利亚诺·萨图尔尼，
1744—1749 年间作于罗马
（inv. MT. 028）

同（那些人更喜欢法国的制造者）。[4] 他的选择自然是受到了依附于神职人员的顾问们的建议影响，同时还包括从代表葡萄牙王室的驻罗马大使们那里获取的信息，这些大使都是受过教育、修养良好的贵族，对教廷的生活方式和品位都十分熟悉，在那样的氛围中如鱼得水。[5]

刺绣的委托

在 1744 年 3 月 9 日从里斯本发送到罗马的一份详细报告中，首次出现了包含为施洗者圣约翰礼拜堂专门定制的全套礼拜仪式用法衣的织物清单，织物内容是根据国王的意愿挑选的。[6] 这项工作肯定很快就开始了，因为在当年的最后几个月中，已经出现了"为礼拜堂宗教仪式的刺绣品"[7] 付款的项目，葡萄牙驻罗马大使的账簿中如实地记录下了这些内容。第二年，参与这项委托工作的罗马作坊中的绣工提交了一份说明——类似预算——其中列出了对整个工程所需费用的估价；通过这份档案，我们得知了不同工匠的姓名和定价，总计达 33,789 斯库多 89 罗马贝阿科。[8]1744 年 3 月 9 日的订单中，开头的是两套大弥撒法衣，一套白色，一套猩红色，两套都要配件齐全，非常华贵；[9] 接着是五套配有十字裾的节日法衣，颜色为礼拜仪式专用色，分别为白色、红色、绿色、紫色和粉色，每套都配有相应的祭坛前帷。无论是大弥撒日还是节日使用的法衣，所用的布料都必须是丝绸，以鎏金或鎏银丝线混纺（原稿中为"金银锦缎"），所有的刺绣也都必须用金线。最后，是日常使用的整套服装，为礼拜仪式专用色；丝绸面料，刺绣用与黄金颜色相同的黄色丝线。除了仪式法衣以及与之配套的用于装饰祭坛的各类物品，订单中还包括更多用于装饰礼拜堂的华丽精致的物品，其中三面帷幕用于在复活节前的圣周期间遮盖礼拜堂内的画作。仔细阅读订单文件，最令人吃惊的是，订单中极力坚持法衣必须"和罗马使用的最华贵、最有品位的法衣一样"。[10] 目标十分明确：就和为礼拜堂定制的其他艺术品一样，织物部分也必须体现罗马的品位、风格、壮观和富丽堂皇。如前所述，塑造皇家形象的工程以典型的 18 世纪风格广泛地体现在宗教仪式中 [11]，而在这个工程中，织物绝非次要的关注点。

"尽可能做到完美、华贵和高品位"

这一系列艺术品由当时罗马最好的作坊完成 [12]（图 86），其浓烈独特的意大利风格，在各种各样的装饰图案中保持了统一性。由于这些法衣是由不同的工匠独立制作，每一套都各不相同，没有彼此重复的地方，但同时，它们又都十分相似，在丰富性和创造性方面，都符合一个共同的目标，同时保持着对整体形式平衡的控制。由于工匠们高超的专业技法，这些织品都非常精致，虽然奢华却并不浮夸，不论黄金的华丽展现得多么清晰。这些收藏的共同特点还体现在它们都与陈列这些刺绣布料的礼拜堂的建筑

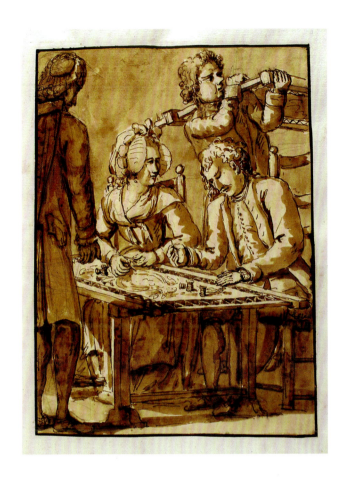

方案搭配非常恰当，同样，它们能与其他格外华贵的礼拜仪式服饰搭配合理，达到完美的和谐。这个系列的装饰词汇表达融合了它能从18世纪罗马旺盛的创造力中吸取的多样而复杂的主题。事实上，我们在其中看到了"中国风"——一种异想天开的风格，源于法国人对洛可可风格的偏好，并汲取了当时作坊和学院中流行的琳琅满目的阿拉伯风格和天马行空的怪诞风格，这种风格的形成，要归功于"雕版大师们"（从奥德朗到吉洛，从瓦托到贝兰到 D. 马罗）的版画作品精选。这些与启发意大利文艺复兴传统的平衡和自然主义完美结合，自然主义是在巴洛克风格的背景下被诠释和发展的，并受到了贝尼尼和他的合作者不可磨灭的影响。这种风格

图 86
《在绣架前工作的绣工》
水彩画
朱塞佩·巴尔贝里，作于
1790—1799 年间
藏于罗马博物馆（inv. GS
2895 6）

图 87（见下页）
大弥撒日和节日使用的白
色法衣
圣罗克博物馆施洗者圣约
翰礼拜堂收藏的法衣展品
里斯本，2008

最后一位脱颖而出的艺术家是乔凡尼·保罗·朔尔，[13] 他将来自贝尼尼和科尔托纳的模型的影响推广到了应用艺术的每一个领域。还有一点需要指出，在 17 世纪末和 18 世纪初，其他罗马艺术家的设计也都越来越多地被采用，比如菲利波·帕萨里尼，他曾经出版著作《装饰的新发明》，供不同行业的艺术家和工匠使用——书中专门提及了绣工。[14]

在组成礼拜堂织物收藏的 11 套礼拜仪式法衣中，最重要的自然就是大弥撒所用的白色法衣（图 87），这是专门为了由主教主持的大礼弥撒设计，其独特之处不仅体现在它的装饰元素非同寻常，同样也体现在这套法衣包含的组件的数量——最初有 50 多件，保存至今的有 31 件。[15] 工匠朱利亚诺·萨图尔尼在他负责的作品中创造了一些微妙而曲折的图案，这些图案在垂直和水平两个方向上重复叠加，以完全覆盖较大的物品；而在一些较小的物品上，则以简化的形式出现，比如构成边框、交错形成十字，或呈射线向外散射。大弥撒用的第二套法衣，为猩红色（图 88 和图 89），包括

27个组件，由杰罗拉莫·马里亚尼制作，马里亚尼是一位大师级的工匠，他采用了比萨图尔尼更加浓烈、更加鲜明的风格。马里亚尼更倾向于使用几何形状的装饰和更加明显可见的浮雕暗花，最有代表性的是就是用生机勃勃的爵床科植物叶片图案铺满表面，排列成为"枝状大烛台的风格"（就像是从小篮子中长出来的似的，分布在"大"斗篷上）。这种将涡形花纹和一些由断开或角度分明的不对称的线条构成的怪诞元素交替或交错排列的技法，与洛可可风格关系非常紧密。在节日弥撒的套装中，由尼科洛·博维刺绣的白色法衣，无论材料还是装饰风格，都有些与众不同。褶边上用银线绣成的鱼骨形图案，营造出了一种光暗变幻的效果，在褶边附近，是用金线绣成的碎花图案，以一种交替的构图有序排列；在十字褶的中央部位，装饰图案要大许多，由成对的涡形花纹两两相对，构成了非常有想象力的样式。另一个值得注意的特征是法衣上使用了无数亮片造成的特殊效果。紫色的节日法衣由科西莫·帕特里诺斯特罗（或称帕特诺斯特）绣

图88和图89
主教礼服（用于大弥撒日的红色法衣）
丝线与鎏银线织成，金线刺绣
杰罗拉莫·马里亚尼，1744—1749年间作于罗马（inv. MT. 3）

成，可能是节日组合中最复杂的一套，蓝紫色的背景与金线的绣花形成巧妙对比——这是一个兼具巴洛克传统和洛可可异域风情的完美综合体，是线性表达与可塑性表达的完美综合体。这些法衣的刺绣品质都非常高。由菲利波·加布里埃利完成的绿色节日法衣（图90和图91）的品质也毫不逊色。[16] 通过查看付款收据，我们可以确定，白色、紫色和绿色的节日用祭坛前帷并没有出现在与之配套的法衣制作账目中，而是出现在了朱利亚诺·萨图尔尼很长的收款项目清单中。因此，这些织品肯定是由这位大师级的工匠制作的，而不是如之前猜测的那般由博维、加布里埃利和帕特里诺斯特罗负责。[17] 菲利波·萨兰德里是负责红色和粉色两套节日法衣的工匠（这两套是整套的——也就是说，其中包含配套的前帷）。[18] 礼拜堂收藏中包含的绣品，成就最高的，是所谓的"受难"帷幕（图92）。三幅帷幕的尺寸、直边与曲线组合形成的形状，与礼拜堂内的三幅马赛克镶嵌画的边框完全匹配，它们正是为了这三幅画制作的，用于在复活节前的圣周期间遮盖起那些画，以表达哀悼，这是当时天主教在这段日子中的一个仪式（现在在某些地区依然保留），帷幕需要使用紫色。帷幕中间的刺绣图案清晰突出如同浮雕，展现的是基督受难的刑架，外框是非常华丽而精致的花卉装饰，巴洛克风格的涡纹和洛可可风格的图案点缀其间，令图案更加鲜活。这三个大帷幕[19] 被委托给朱利亚诺·萨图尔尼制作[20]，但实际上是菲利波·加布里埃利和科西莫·帕特里诺斯特罗两人完成了这些精致而享有盛誉的艺术品——加布里埃利负责中间的一面，帕特里诺斯特罗负责侧面的一

图90和图91
搭配节日用绿色法衣的十字裾（背面）
丝线与鎏银线织成，金线刺绣
菲利波·加布里埃利，
1744—1749年间作于罗马
（inv. MT. 23）

图 92
受难帷幕（中）
丝线与鎏银线织成，金线刺绣
菲利波·加布里埃利，科西莫·帕特里诺斯特罗，1744—1749 年间作于罗马
（inv. MT. 155）

面。[21] 另一面侧面帷幕的报酬是支付给萨图尔尼的，711 斯库多。[22] 朱利亚诺·萨图尔尼还被委托制作三件特别珍贵的物品：用于在耶稣受难日罩住十字架表示哀悼的三个袋子。这三个袋子的制作非常精良，两面都有装饰，暗紫色的天鹅绒上是金属质感的金线绣花，对比强烈，外观优雅而精致。[23]

日常使用的法衣全都保存了下来，包括配套的祭坛前帷和五套双幅门帘，虽然是由五个不同的工匠完成，但它们使用的材料均是相同质地，整体风格非常统一，与大弥撒法衣和节日法衣也完美匹配，只是因为使用了价格稍微便宜的布料而显得朴素了些。这些日常法衣使用的是图尔斯罗缎，代替以鎏金线混纺的布料，使用黄色的丝线来代替金线绣花，但这种布料非常结实挺阔，营造出了优秀的视觉效果。这些是团队共同努力的成果，其原创性方面并不逊色于那些华贵的组套；事实上，艺术家们遵循着相同的构图方案，并且使用了繁多到令人吃惊却相同的装饰元素集——蕾丝图案，非写实风格的花卉和自然主义风格的花卉，直线形的涡卷纹饰和曲线形的涡卷纹饰，几何形状，贝壳形，螺旋形，所有这些都被巧妙地应用于分枝众多的"烛架风格"布局中。这些日常使用的法衣和其他的法衣一样，是在 1744 年 3 月 9 日被委托的，到 1748 年 5 月 28 日已经全部完成，参与工作的绣工有：卡洛·阿邦迪奥（白色）、吉奥·巴塔·萨拉德里（红色）、贝内代托·萨拉德里（绿色）、菲利波·加布里埃利（紫色）、尼科洛·博维（黑色，见图 93）。[24]

图 93
与日常使用的黑色法衣配套的祭坛前帷
罗缎，黄色丝线刺绣
尼科洛·博维，1745—1746
年间作于罗马
（inv. MT. 154）

丝绸布料由比亚焦·凯卢奇供应[25]，镶边由朱利亚诺·萨图尔尼供应，从各方面讲，这些镶边都堪称完美。[26] 所有法衣的缝纫工作都是由裁缝弗朗切斯科·朱利亚尼负责。[27]

地毯

在织物的订单中，除了刺绣法衣和蕾丝（1744年3月9日订），还包括二张地毯——如同礼拜仪式法衣一样，分别应用于不同场合：日常使用、节日使用和大弥撒日使用。这项工作最初是委托给地毯制作商安东尼

地毯
彩色丝线和银线织成
阿戈斯蒂诺·斯佩兰扎（地毯织工）、比亚焦·基基（绘图者），约1747—1750年间作于罗马
（inv. MT. 156）

奥·加尔加利亚的，他在 1745 年 5 月 29 日提交了报价。三张地毯现在仅有一张保存了下来，被称作"高贵毯"，用于大弥撒（尺寸为 5.60 × 3.52 m，参见图 94）。[28]

安东尼奥·加尔加利亚（曾经担任法国工匠乔瓦尼·西莫内的助手）和合作伙伴阿戈斯蒂诺·斯佩兰扎都曾经在由彼得罗·费洛尼指导的圣米迦勒作坊中接受训练，后因与费洛尼意见不合而决定成立自己的作坊。18世纪 40 年代初，在耶稣会的保护下，他们创办了一个新作坊，地点位于越台伯河区的圣玛丽亚广场。这间作坊为耶稣会制作了很多价值极高的毯子。[29] 然而，刚才所述的地毯并非在安东尼奥·加尔加利亚的越台伯河区作坊中完成，而是在与红衣主教奥尔西尼的宫殿相对望的房子中，[30] 也就是说，在圣安杰洛教区中，工匠大师彼得罗·杜兰特的作坊也在这个教区内。[31]

1747 年 12 月 20 日，装饰艺术家、画家朱塞佩·库乔利尼被委托设计地毯的图样，然而他于次年 2 月过世。草图绘制工作便转交给了年轻的艺术家比亚焦·基基，他是库乔利尼的朋友，一位备受赞誉的花卉画家，这项工作的报酬于 1748 年 7 月 8 日结算。[32] 工作是在保罗·尼科利的监督下进行的。在曼努埃尔·佩雷拉·德桑帕约大使去世后，耶稣会神父安东尼奥·卡布拉尔负责葡萄牙在罗马的事务，尼科利正是受卡布拉尔神父委托。工作分为两个阶段实施。根据 1950 年 4 月 20 日进行的检查，第一阶段的工作中，阿戈斯蒂诺·斯佩兰扎、马里奥·西尔韦斯特里、费迪南多·坎齐亚尼、米凯莱·巴斯蒂亚内里、菲利波·菲奥伦蒂尼、亚历山德罗·扎内蒂仅完成了 6 掌的尺寸，按原本的计划，这个阶段需要完成 28 掌，而地毯的总面积为 94 平方掌。[33] 工作进展缓慢，很可能引来了安东尼奥·卡布拉尔神父的谴责，因为稍晚起草的文献中表明，阿戈斯蒂诺·斯佩兰扎无疑将延误归咎于一些团队成员，所以他担当起了大师父的角色，并通过合同不再将其他的工人（尤其是扎内蒂）视作合作伙伴，只接受他们作为从属的助手。[34] 地毯耗时一年才最终完工，完工时，阿戈斯蒂诺·斯佩兰扎在衬里的镶边上签上了名字："阿戈斯蒂诺·斯佩兰扎作于罗马。"[35]

地毯在技法和形式上的特征，来源于负责地毯制作的专业人员曾在圣米迦勒的"使徒安养"作坊中受过的训练。圣米迦勒特别擅长丝织，这令最终的作品价值非凡；他们还以受绘画启发的色彩和立体效果而广为人知，这样做是为了模仿当时广受赞誉的法国作品[36]，不过模仿痕迹适度，并不严重；另外，他们的直线条花卉也广为人知，这种花卉形状采用流畅的几何线条，同时在设计上模仿中国风，极富想象力，将抽象和写实巧妙地结合起来。

注　释

1 cf. Angela DELAFORCE, 'Giovanni V di Braganza e le relazioni artistiche e politiche del Portogallo con Roma', in Sandra Vasco ROCCA and Gabriele BORGHINI (eds.), *Giovanni V di Portogallo (1707–1750) e la cultura romana del suo tempo*, Àrgos, Rome, 1995, p. 23. By the same author: *Art and Patronage in Eighteenth-Century Portugal*, Cambridge, Cambridge University Press, 2002.

2 关于刺绣在艺术史上的价值和意义，参考：Marie SCHUETTE and Sigrid MULLER-CHRISTENSEN, *Il ricamo nella storia e nell'arte*, Rome, 1963, p. 13; Claude FOQUE, 'Broderie', in Régis DEBRAY and Patrice HUGUES (ed.), *Dictionnaire Culturel du Tissu*, Paris, Babylone/Fayard, 2005, pp. 42–45. 关于金线刺绣，参考：Isabella BIGAZZI, 'Ricami d'ogni sorte, d'oro, d'argento e seta', in Ricardo SPINELLI (ed.), *Arti fiorentine. La grande storia dell'Artigianato, Il Seicento e il Settecento*, vol. V, Florence, Giunti, 2002, pp. 207–229, p. 216。

3 关于这个重要的视角，可以参考：Angela DELAFORCE in Sandra Vasco ROCCA and Gabriele BORGHINI, *op. cit.*, pp. 21–23。

4 不应忘记的是，就在两年前，科隆大主教巴伐利亚的克莱门特·奥古斯都，为了庆祝他的兄弟查理七世的加冕典礼，从巴黎购置了一套极为华贵的法衣，由法国当时最好的作坊制作，关于此事的记录参考Dela von BOESELAGER, *Capella Clementina, Kurfürst Clemens August und die Krönung Kaiser Karsl VII*, Cologne, Kölner Dom, 2001。

5 cf. Angela DELAFORCE, *op. cit.*, 另见同书中所收录的Gabriele BORGHINI, 'Apparati Luso Romani tra chiesa e palazzo. II Il palazzo alla Pilotta del commendatore Sampaio', pp. 254–260, 同样能作为证据的出版文献还有 Teresa Leonor M. VALE, *Arte e Diplomacia. A Vivência Romana dos Embaixadores Joaninos. A figura e as colecções de arte de José Maria da Fonseca Évora* (1690–1752), Lisbon, Scribe, 2015; 亦可从下书中获得相关信息：Filippo BONANNI, *La gerarchia ecclesiastica considerata nelle vesti sagre, e civili, Roma 1720*, 本书是特别题献给"神圣的葡萄牙国王陛下"的，在马夫拉宫皇家图书馆藏中能够见到。

6 Biblioteca da Ajuda(Lisbon), Ms. 49-VIII-27, Doc. 9 (*Ordinazioni* ff. 53–60 v.); Francisco Marques de Sousa VITERBO and R. Vicente d'ALMEIDA, *A Capella de S. João Baptista Erecta na Egreja de S. Roque*, Lisbon, Livros Horizonte, 1997 (1902), pp. 52–55.

7 B.A., Ms. 49-IX-22. *Contas de Manoel Pereira de Sampajo – annos de 1731 a 1750*, f. 190 et seq..

8 值得注意的是，文献中对所使用的材料的成本有所提及："各种颜色的金银箔、天鹅绒、波纹丝绸、流苏装饰、绦带、丝绸编织的绳索、衬里用的巴班特里耶绸布、装饰用的班德拉罗布，以及其他琐碎物件，成本总计4700.06斯库多。"（B.A., Ms. 49-VIII-25, ff. 25–27)然而，并不可能对预算和付款条目中的金额进行精确对比。一些艺术家的名字在数年的时间内每个月都定期出现在账目中——特别是在1744年11月到1749年12月之间——但这些款项和他们当时在创作的作品并没有任何明显的联系：B.A., Ms. 49-IX-22, *Contas de Manoel Pereira de Sampajo em Roma – annos de 1731 a 1750*。

9 由于缺乏相关证据，聚境作品使用功能的方式很难确定时间断定，所以，并没有可用的证据前帷。

10 Francisco Marques de Sousa VITERBO and R. Vicente d'ALMEIDA, *op. cit.*, p. 54.

11 Fausta FRANCHINI GUELFI, 'Theatrum sacrum: materiali e funzioni dell'apparato liturgico' in *Apparato liturgico e arredo ecclesiastico nella Riviera Spezzina*, Genoa, Sagep, 1986, pp. 9–19.

12 关于这个主题，更详细的分析可以参考 Magda TASSINARI, *'Et essendo la nostra arte sorella della pittura*: il ricamo a Roma tra Sei e Settecento e i corredi liturgici della Cappella di San Giovanni Battista nella chiesa di San Rocco a Lisbona', in *Romische Historische Mitteilungen*, no. 54, 2012, pp. 193–246。

13 cf. Giulia FUSCONI, 'Disegni decorativi di Johan Paul Schor', in *Bollettino d'Arte*, no. 33–34 (1985), pp. 172–173; Giulia FUSCONI, *Disegni Decorativi del Barocco Romano* (exhibition catalogue), Rome, Edizioni Quasar, 1986, pp. 41–43, nos. 24–28. 根据朱利亚·富斯科尼的记载，在1673年前后，乔凡尼·保罗·朔尔的儿子菲利浦——他在克莱门特十世（阿尔铁里）的教廷中非常活跃——也曾经担任刺绣的设计师。除了其他的装饰性工作，富斯科尼还认为他是一套刺绣制服草图的绘制者（1682），参见Giulia FUSCONI, 'Philipp Schor, gli Altieri e il Marchese del Carpio', in *Johan Paul Schor und die internationale Sprache des Barock* (Atti delle giornate di studio, Rome, 2003), Munich, Hirmer Verlag, 2008, pp. 175–191。

14 Filippo PASSARINI, *Nuove inventioni d'ornamenti d'architellura e d'intagli diversi: utili ad argentieri, intagliatori, ricamatori et altri professori delle buone arti del disegno*, Rome, Domenico de Rossi, 1698.

15 Francisco Marques de Sousa VITERBO and R. Vicente d'ALMEIDA, *op. cit.*, p. 55.

16 按照每平方掌8斯库多50罗马贝阿科估算的话，绣工的报酬总计为416.3斯库多。见 B.A., Ms. 49-VIII-16 (*Giustificazioni*, 1747), f. 135。

17 B.A., Ms. 49-VIII-16 (*Giustificazioni*, 1747), ff. 234 and following; Ms. 49-VIII-19 (*Giustificazioni*, 1750), *Conto di Giuliano Saturni Ricamatore*, f. 162 (35) and following, 根据这些账目，紫色和绿色节日套装中的门帘也是由萨图尔尼制作的。

18 两套法衣的花费为3589斯库多5罗马贝阿科，见Francisco Marques de Sousa VITERBO and R. Vicente d'ALMEIDA, *op. cit.*, p. 57。由菲利波·萨兰德里制作的粉色节日法衣套装最近曾在伦敦展览——见Magda TASSINARI, in Michael SNODIN and Nigel LLEWELLYN (coord.), *Baroque. Style in the Age of Magnificence. 1620–1800*, London, V&A Publishing, 2009, nos. 110–114。

19 Francisco Marques de Sousa VITERBO and R. Vicente d'ALMEIDA, *op. cit.*, p. 54.

20 1745年8月29日罗马的一份文献中，绣工设定了相应的价钱，文件中还包括委派给他的其他工作，见 B.A., Ms. 49-VIII-25, f. 25。

21 阅读账簿中1748年至1749年的付款记录可以发现这一点。参考B.A., *Contas de Manoel Pereira de Sampaio em Roma, 1731 a 1750*, Ms. 49-IX-22, cc. 805 et seq。两个帷幕分别花费1323斯库多和710斯库多，见Francisco Marques de Sousa VITERBO and R, Vicente d'ALMEIDA, *op. cit.*, p. 58, no. 12, p. 59, no. 13, p. 169. B.A., Ms. 49-VIII-20, ff. 278 and 278v。

22 B.A., Ms. 49-VIII-19 (*Giustificazioni*, 1750), *Conto di Giuliano Saturni Ricamatore*, f. 179.

23 1744年3月9日委托罗马进行的工程（"三个十字架的袋子，两个非常华丽，另一个相对朴素"）(B.A., Ms. 49-VIII-25, f. 25); 在萨图尔尼的账目中，三个袋子的预算为99斯库多，但在价格修正调整后，只支付了88斯库多，见B.A., Ms. 49-VIII-19 (*Giustificazioni, 1750), Conto di Giuliano Saturni Ricamatore*, ff. 166, 167 v.

24 B.A., Ms. 49-VIII-25, f. 26; Francisco Marques de Sousa VITERBO and R. Vicente d'ALMEIDA, *op. cit.*, pp. 55–58; 于1745年夏至1746年秋制作，每套十字褡花费488斯库多25贝阿科，见B.A., Ms. 49-VIII-14, ff. 592–594; B.A., Ms. 49-VIII-15, ff. 138–140; Ms. 49-VIII-16, ff. 234–236。

25 到1748年为止，花费总计2072斯库多72贝阿科，见B.A., Ms. 49-VIII-17, ff. 109–117。

26 预估总计2530斯库多36贝阿科。经确认，其中有一条单独的账目指向帷幕的流苏，总计978斯库多80贝阿科，见B.A., Ms. 49-VIII-19 (*Giustificazioni*, 1750), *Conto di Giuliano Saturni Ricamatore*, ff. 170–175.

27 朱利亚尼提交了一份总计为458.01斯库多的账目，但实际上收到的付款总额为260斯库多，见B.A., Ms. 49-VIII-16, ff. 301–322。

28 Francisco Marques de Sousa VITERBO and R. Vicente d'ALMEIDA, *op. cit.*, pp. 67, 96, 168.在委托中，这件

作品从一开始就被称作"一条毯子，这里说的是一条盖毯，用于在重要的日子覆盖在祭台和祭台的台阶上，务求最贵重、品位最好"，见B.A., Ms. 49-VIII-24, *Commissione delli tappeti di Arazzo per servizio della Cappella dello Spirilo Santo e S. Gio Batta, con letllera delli 9 marzo 1744*, 毯子的设计，完全和最终制作出来的成品一致，被记录在《维勒图集》中（图82），同时还标注了关于材料和花费的相应说明，绘图根据与安东尼奥·加尔加利亚达成的制作协议。参见Teresa Leonor M. VALE (ed.), *De Roma para Lisboa. Um Álbum para o Rei Magnânimo*, Lisbon, Santa Casa da Misericórdia de Lisboa-Scribe, 2015, ff. 249–259, nos. 82—84。

29 Luca Antonio CHRACAS, *Diario Ordinario*, Rome, no. 4218, 8 August 1744; Anna Maria DE STRÖEBEL, *Le Arazzerie Romane dal XVII al XIX Secolo*, Rome, Istituto Nazionale di Studi Romani, 1989, p. 62; Alvar GONZÁLEZ PALACIOS, *Appunti per un lessico romano-lusitano...*, p. 449; Pia TOSCANO, *Roma produttiva tra Settecento e Ottocento. Il San Michele a Ripa Grande*, Rome, Viella, 1996, p. 204.

30 B.A., Ms. 49-VIII-19, f. 126 (VITERBO and ALMEIDA引用了这份文献及其参考资料 Ms 49-VIII-12, f. 26, 见*op. cit.*, pp. 68, 95–96)。

31 1750年时，彼得罗·杜兰特33岁，与妻子、四个孩子和一个仆人一起生活在佩斯基耶拉圣安杰洛教区；参考Rita RANDOLFI, 'Parrocchia di Sant'Angelo Pescheria. Rione Sant'Angelo', in Elisa DEBENEDETTI (ed.), *Artisti e Artigiani a Roma I, Degli Stati delle Anime del 1700, 1725, 1750, 1775*, Rome, Bonsignore Editori, 2004, pp. 143–150。

32 Alvar GONZÁLEZ PALACIOS, *Arte di corte del XVII e del XVIII secolo*, vol. I, Rome, Longanesi, 1993, p. 109; Alvar GONZÁLEZ PALACIOS, *Appunti per un lessico romano-lusitano, op. cit.*, p. 447, no. 45. B.A., Ms. 49-VIII-21, f. 78，这份文献记录了1748年7月8日付给比亚焦·基基的款项。

33 14.7掌的宽度是固定的，这是由制作毯子的织机的宽度决定的。

34 B.A., Ms. 49-VIII-20, ff. 545–545 v.

35 1751年6月12日，阿戈斯蒂诺·斯佩兰扎收到了1969斯库多40贝阿科的付款，作为完成"高贵之毯"工作的尾款。参见Francisco Marques de Sousa VITERBO and R. Vicente d'ALMEIDA, *op. cit.*, p. 68; Maria João Madeira RODRIGUES, *A Capela de S. João Baptista e as suas Colecções*, Lisbon, Inapa, 1989 (1988), p. 226. 斯佩兰扎的合同后附了一份总计6页的花费清单（日期为1750年8月29日），对于想要更深入地了解这份工作中的技术细节和参与制作的工作人员的人来说，这份文献有很大的价值：B.A., Ms. 49-VIII-20, ff. 542–547 v. – *Conto del Tappeto Nobile, Ordinato dalla Reggia Corte di Portogallo*。

36 Anna Maria DE STRÖEBEL, *L'Arazzeria di San Michele tra il Settecento e L'Ottocento attraverso le opere della collezione vaticana in Arte e artigianato nella Roma di Belli*, Rome, Edizioni Colombo, 1998, p. 119.

第 3 章 蕾　丝

佛兰德斯、罗马和里斯本的交汇：施洗者圣约翰礼拜堂的蕾丝

第 136—137 页
圣职衣（短祭袍）上的装饰镶边（局部细节）
布拉班特蕾丝？
生产于布鲁塞尔
（参见图 99）

若昂五世捐赠给施洗者圣约翰礼拜堂的丰厚宝藏中包含至少 220 件各种日用织品和礼拜仪式服装，上面镶着蕾丝，其中有 62 件现藏于里斯本的圣罗克博物馆中，保存品相良好。[1] 这样的人工制品非常容易散佚，能保存下来这么多，着实惊人。而且，能够确定蕾丝年代的情况是极为罕见的，在这个研究领域，通常需要面对的都是没有文献支持的样本。

早在索萨·维泰尔博和维森特·德阿尔梅达于 1900 年进行的档案研究中，就已经首次认可了这一信息的重大意义[2]，事实上，这一信息的重要性也已被证实了，它让我们有了重构蕾丝收藏形成的不同阶段的可能性。与礼拜堂内的其他装饰性元素和物品一样，蕾丝收藏的委托也是在罗马执行的。我们知道负责协调工作的人的身份，她名叫玛丽亚·安娜·琴奇·博洛格内蒂（1705—1794），是一位贵族女性；我们也知道这些作品是从哪些罗马商人手中购买的，以及这些作品原本的生产作坊。作坊中，有些女人负责缝制这些日用织品，给这种当时蔚然成风的布料上打出褶子，创造出密集的褶裥，我们甚至知道这些女人的名字。

然而，这些蕾丝本身全都不是出产自罗马的作坊，因为最好的作坊在佛兰德斯和法国；这些蕾丝也不是定制的，而是以米为单位购买的。因此，它们的设计并不具备礼拜堂所具有的高雅大气的罗马晚期巴洛克风格，而是更符合洛可可风格，当时各国的宗教服饰和非宗教服饰广泛地采用洛可可风格。无论如何，这一收藏的实现可能很大程度上得益于若昂五世和罗马教廷之间的亲密关系。

玛丽亚·安娜·琴奇·博洛格内蒂："为葡萄牙国王陛下服务"的罗马贵族女性

支持这一假设的基础之一，是玛丽亚·安娜·琴奇·博洛格内蒂被选中负责此事。她出身于古老的琴奇家族，只是琴奇家族在 1598 年弗朗切斯科·琴奇谋杀案有争议的审判之后就衰落了；1723 年 12 月，她与来自

琴奇家族旁支的后裔维尔吉尼奥·琴奇成婚，正是他们的婚姻标志着一个使用复姓的新家族的诞生，从他们的儿子吉罗拉莫开始，两个姓氏结合在了一起。[3] 玛丽亚·安娜·琴奇·博洛格内蒂是费迪南德伯爵与罗马女伯爵弗拉维娅·西奥多利的女儿。伯爵出生于博洛尼亚，但于 17 世纪末定居罗马。教皇本尼狄克十四世（也来自博洛尼亚）于 1743 年 9 月 9 日颁布法令，任命这位女士的哥哥马里奥（1690—1756）为红衣主教，这标志着琴奇家族社会地位的提升。马里奥神职生涯的鼎盛时期，正值若昂五世的统治时期，在此期间，他因强烈的文化兴趣和收藏品味，成为教皇本尼狄克十四世（兰贝蒂尼）的政治圈子和文化圈子中颇受瞩目的成员。

很可能就是由于琴奇家族的威望，特别是她哥哥的影响力，决定了玛丽亚·安娜·琴奇·博洛格内蒂被选中担任礼拜堂礼拜仪式用织品的监督工作——不过，她自夸是因为她具有其他的个人品质，因为她是一位有魅力的优雅女性，我们能从 1736 年至 1737 年间的一幅肖像画（图95）中看到她优雅的形象。[4] 画中的她周围有子女陪伴，这幅画描绘了她非常明显的时尚自觉，但并无逾矩浮夸之处，符合她的地位。她穿着一件奢华的法式风格礼服，衣服上装饰有金线刺绣的洛可可风格图案，领口和袖子上都是最精良、最细致的蕾丝，这正符合当时法国流行的时尚。她对这些精致的装饰品的选择，体现出了她的技巧和能力，表明她非常适合一项与女性和时尚的领域稍有些不同的任务。

事实上，在 18 世纪，对蕾丝的使用极为广泛，无论是亚麻还是金属线织成的蕾丝，都被作为豪华装饰，广泛地应用于男男女女的正装和宗教服饰中；除了一些非常罕见的、特别有影响力的工程，宗教和世俗用途的蕾丝上的装饰图案并没有什么区别。据一份档案记录，商人朱塞佩·吉拉尔迪给"最卓越的大人安娜·玛丽亚·琴奇大人"　两匹幅宽一掌半的英式梭结蕾丝，采用最新的流行

图 95
《玛丽亚·安娜·琴奇·博洛格内蒂及其家人的肖像》
布面油画
藏于罗马维科瓦罗亲王基金会

139

时尚风格"[5]，这份档案突显出了设计方面的新奇。事实上，18 世纪所使用的装饰变化日新月异，正是因为它们标志着时尚创新的最前沿。

缝制礼拜仪式服装

在若昂五世通过 1744 年 3 月 9 日的信件订购施洗者圣约翰礼拜堂所需织品的委托中[6]，包括对成套服饰的组件的详细列表，列表中按照款式和预期目标以及蕾丝边缘的不同高度对细目进行分类，玛丽亚·安娜·琴奇·博洛格内蒂从头到尾监督了整个工作过程，从原料的采购到缝制的每一个阶段。[7] 终于，在 1746 年 2 月 22 日，"装着织物的 58 号箱被放置在"琴奇宅邸的台阶上，准备装上"马车"，运送上船，然后运往里斯本。[8] 在完成任务后，琴奇获赠了一份礼物，礼物装在一个金盒子中，价值 140 葡萄牙埃斯库多，以示对她劳动和协调的感谢。[9] 上述织物制作生产项目的花费，包括运输和这份礼盒，总计 4200 斯库多。[10]

缝制工作在 1744 年 9 月到 1745 年 8 月之间进行。蕾丝、装饰品、布料等采购自多个商家：西莫内·真蒂利、朱塞佩·吉拉尔迪、皮耶罗·佩鲁卡、塞巴斯蒂亚诺·波雷纳、乔瓦尼·艾洛尔迪和苏珊娜·因格尔斯。其中，苏珊娜·因格尔斯显得格外引人注意，她可能来自比利时——比利时的蕾丝贸易一直都非常繁荣，让"特使"出现在欧洲所有重要的市场中，实际上是比利时高效率的贸易体系中通常采用的方法。[11]

对比 1740 年至 1745 年间的教皇财务记录就能发现，有些蕾丝商人是梵蒂冈宫的供货商。[12] 这些商人应该是领域内技术最好的，因而获得了一种特别的由官方发布法令颁布的"专有资格"（特殊地位）——这给他们带来了可观的行业利润。尽管玛丽亚·安娜·琴奇·博洛格内蒂选择的商人不仅是这些人，但她的选择，似乎可以证实教廷在这件事情中的影响。

"佛兰德斯风格的"收藏

在买方开具的收费清单中，不同类型蕾丝的价格取决于它们的"高度"（即幅宽），高度的计量单位是罗马掌（一掌约合 22 厘米）。价格最贵的镶边布，通常宽一掌到一掌半，被称作"英式梭结蕾丝"，据描述，这种布高贵、精良或设计上佳；比较便宜的布料幅宽较窄，被称作佛兰德斯蕾丝。保存至今的样品表明，这两种叫法对应的是比利时梭结蕾丝中的两个代表类型，这些样品同样还显示出不同蕾丝的不同用途；英式梭结蕾丝通常被用于昂贵的贴身衣物，而佛兰德斯蕾丝则用于礼拜仪式用织品。

英式梭结蕾丝

　　"英式梭结蕾丝"这个名字其实是为了规避英国对进口外国蕾丝的限制，18世纪时，它指的是布鲁塞尔出产的拼接蕾丝，[13] 也就是说，每一个装饰部件都是单独制作的，然后被拼接在一起。蕾丝织工的分工明确，每个人负责不同的图案，因而，整体工作得以更迅速地完成，设计也能更多样化。

　　布鲁塞尔的蕾丝有很多鲜明的特点。它使用的是非常纤细的线，装饰图案是非连续性的带状，在一个边缘或是所有边缘都有一个轻微的凸起，这是为了收集在编织过程中未被使用到的线。布鲁塞尔蕾丝非常注重明暗对比，即便是在复杂的"雪花背景"中，六边形的网孔结构形成的格外精良、轻巧的德罗赫尔网，以及受"法式针绣法"蕾丝启发而产生的纤细而不规则的齿状长条花纹从17世纪末开始风行开来，直至18世纪中叶还在流行。[14]

　　在施洗者圣约翰礼拜堂的收藏中，就有非常实验性的德罗赫尔网和齿形长条花纹在四个边缘相邻出现的蕾丝，品质相当优秀。[15]（图96）

　　其他样式的蕾丝中也有使用这种小长条形状做背景的，不过，它们通常被用于圆形网格编织的结构中，从17世纪后半期开始，这种圆形网格使用非常广泛。这些样式的图案没有那么精致和鲜明，只在特定的部分显示出典型的浮雕效果。研究将这些特征起源追溯到一种通常被称作"布拉班特蕾丝"的类型，布拉班特是佛兰德斯地区对布鲁塞尔所处地域的称呼。事实上，并没有可靠的资料支持我们去辨别这种特别类型的蕾丝，它和布

图 96
圣职衣（短祭袍）上的装
饰镶边
亚麻
约 1744—1745 年间制于布鲁塞尔
（ inv. RT. 17/1 ）

鲁塞尔蕾丝非常相似；而且，在（高效率的）佛兰德斯商业流通中，不同类型的蕾丝基本上是以主要的生产中心来命名，哪怕实际生产是在更广泛的地区进行的。因此，蕾丝在技术和风格方面的不同特征，不仅可以归因于它们的生产是在城市作坊还是边远地区的作坊进行的，同时还可以归因于市场领域的商业差异。

　　这里讨论的葡萄牙蕾丝采用了更加多样化的构图结构，其中有摄政时期风格的紧密相连的组合构图，与1740年至1745年间制造的丝绸布料装饰品十分搭配。在生产过程中，工作是分配给很多工人分别完成的，所以重复出现的相同模块之间也存在着明显的差异。比方说，如果拿与葡萄牙蕾丝作品结构相同的都灵夫人宫博物馆中的一个镶边来做对比，就能明显看出这种差异。[16]（图97和图98）镶边装饰图案非常精致，但又相当简约，这表明它是出自一个精简过的原型——因此，可以推论，它产自乡下的作坊。无论是背景，还是图案的排列，都有着明显的变化可能，不过同样的图案也可能会在不同风格的样品中重复出现（比如1号藏品和6号藏品，

图 97
蕾丝
藏于都灵夫人宫——古代艺术市民博物馆（inv. 1889）

图 98
圣职衣（短祭袍）上的装饰镶边
布拉班特蕾丝?
亚麻
1744—1745 年间生产于布鲁塞尔
（inv. RT. 1/1）

见图 99），这可能可以支持同一作坊中生产不同品级的产品的假设。

精美的佛兰德斯蕾丝

"佛兰德斯蕾丝"这个名字，是指一种用连续的线织成的带状蕾丝——也就是说，图案和背景一起织成。在梵蒂冈机密档案室的一本原始样品册中可以看到，其中有 11 件佛兰德斯蕾丝，在技法和风格上都和里斯本的镶边布非常相似。[17]（图 100）

最知名的作坊位于梅赫伦、安特卫普和班什，这些地方的样品在技法上有所不同，却也有一个共同特征：它们都是用连续的线织成的。因此，佛兰德斯蕾丝的幅宽就非常受限，要完成精良的样品，就需要大量时间；请记住，每个蕾丝制作者都有自己的"签名"——也就是说，每个人拉线的方式是不同的——这就意味着，特定的一件作品不能分给其他工人来完成。

虽然作品的尺寸很小，但是里斯本蕾丝的构图和装饰风格都非常多样化，显示出了非凡的创造力，尽管相对简约，但都是摄政时期风格的。可能的来源地包括了佛兰德斯蕾丝的主要生产中心：班什和梅赫伦，以及瓦朗谢讷（尽管这里在 1678 年被割让给了法国，但技术上依然与比利时的蕾丝生产密切相关）。有些样品所属的种类无法被精确归纳——这说明，在实际生产之中存在着更加精细的分类，非研究中常用的分类所能及，很可

图 101
圣职衣（短祭袍）上的装饰镶边
瓦朗谢讷蕾丝
亚麻
1744—1745 年间生产于佛兰德斯
（inv. RT. 14/1）

图 102
圣餐布的镶边
马林丝（即梅赫伦）蕾丝
亚麻
1744—1745 年间生产于佛兰德斯
（inv. RT. 43/1）

能是根据其所针对的市场来区分的。[18] 总的来说，这些镶边都有如下共同特征：采用了极为精良的线，经历了高度精细的生产过程，并且背景网格都是"玫瑰网"，或称"五孔网"，其上点缀着各种"填充"细节，这种网格在 17 世纪下半叶就已经被广泛使用，这些样品证明，到了 18 世纪中叶它们依然在佛兰德斯流行。因为蕾丝织工对这种背景网格已经有着丰富经验，所以生产起来比采用其他新背景要轻松很多，那些新式背景的蕾丝因而也更加昂贵；使用背景网格的蕾丝在外观上更加仔密，非常适合当时流行的紧密填充设计（图 101 和图 102）。它不仅进一步证明了佛兰德斯蕾丝制作的技术水平，也证明了佛兰德斯的商业效率，圣约翰礼拜堂的蕾丝对此恰好是一个非常重要的范例。

注　释

1 如需有关话题的更多信息和细节，可以参见以下文章：Marialuisa RIZZINI, 'Entre a Flandres, Roma e Lisboa: as rendas para a Capela de de S. João Baptista', in Teresa Leonor M. VALE (coord.), *A Capela de S. João Batista da Igreja de São Roque. A encomendas, a obra, as coleções*, Santa Casa da Misericórdia de Lisboa-Imprensa Nacional-Casa da Moeda, 2015, pp. 321–351; 关于系列收藏，还可参见Maria Filomena BRITO, *Rendas Barrocas em Portugal Colecção da Capela de S. João Batista*, Lisbon, Santa Casa da Misericórdia de Lisboa e Livros Horizonte, 1997。
2 Francisco Marques de Sousa VITERBO and Rodrigo Vicente d'ALMEIDA, *A Capella de S. João*

Baptista erecta na egreja de S. Roque, Lisbon, Livros Horizonte, 1997, pp. 61–65 (1st edition 1900).

3 Michele DI SIVO (ed.), *I Cenci nobiltà di sangue*, Fondazione Marco Bresso, Rome, Editore Colombo, 2002. 有关玛丽亚·安娜·琴奇·博洛格内蒂及其家人的未出版成书但非常有价值的文献可以参考Archivio di Stato di Roma, *Famiglia Cenci-Bolognetti, B2, Patrimoniali, mazzi* [bundles] 30, 32—36, 感谢米凯莱·迪西沃提供了这条宝贵信息。

4 这幅肖像现藏于维科瓦尔亲王基金会。有一首十四行诗赞颂琴奇的美丽，作者Niccolò FORTE-GUERRI，创作时间大约为1726年(*Il Ricciardetto, Milan*, Societa Tipografica de'Classici italiani, 1813, vol. II, pp. 290–291)。

5 Biblioteca da Ajuda (Lisbon), Ms. 49-VIII-14, f. 18 September 1744.

6 B.A., 49 VIII 24, s.n.p and 49-VIII-25, ff. 28–29. 这份文献被收录于F.M.S. VITERBO and R.V. d'ALMEIDA, *op. cit*。

7 B.A., Ms. 49-VIII-14: ff. 195r, 310r, 518r.

8 B.A., Ms. 49-VIII-15, ff. 415v-17r.

9 F.M.S. VITERBO and R.V. d'ALMEIDA, *op. cit.*, pp. 61, 98，书中没有注明出处。原始文献出自B.A., 49- IX-22, *Livro de pagamentos de Manuel Pereira Sampaio em Roma*, f. 289, 3 January 1746, 感谢Magda Tassinari提供这一信息。

10 F.M.S. VITERBO and R.V. d'ALMEIDA, *op. cit.*, p. 61, and B.A., 49 VIII 24 (在上述文献中有相同的副本，49 VIII 25, ff. 28–29).

11 部分账目收录于F.M.S. VITERBO and R.V. d'ALMEIDA, *op. cit.*, pp. 61–63，书中未注明参考档案位置，信息出自B.A., Ms. 49-VIII-14: ff. 2, 18, 194, 194b, 311—313, 504, 505。

12 随后的内容参考了教皇宫梵蒂冈机密档案室中的文献：*Palazzo Apostolico, Computisteria* 218, 225, 226, 229, 230, 234, 236, 239. 蕾丝供货商包括：塞巴斯蒂亚诺·波雷纳、彼得罗·费代莱、苏珊娜·因格尔斯和弗朗切斯科·因格尔斯以及法比奥·德沃蒂。下述研究非常重要：Antonella PAMPALONE, 'Merletti tra le carte', in Angela NEGRO, Angela (ed.), *Storie di abiti e merletti. Incontri al museo sull'arte e il restauro del pizzo*, Rome, Gangemi, 2014, pp. 53–71, 书中收录了很多首次出版的蕾丝样品（保存于Archivio di Stato di Roma, Giustificazioni di Tesoreria），这些蕾丝于1700年至1730年由罗马商人阿尔贝托·德沃蒂卖给元老院，阿尔贝托·德沃蒂可能是法比奥·德沃蒂的亲戚。

13 Marie RISSELIN-STEENBRUGEN, *Trois siècles de dentelles aux Musées Royaux d'Art et d'Histoire*, Brussels, Musées Royaux d'Art et d'Histoire, 1987 (12th edition), pp. 337–338. 从这个意义上说，这个说法早已经被Maria Filomena BRITO转译过来，见Maria Filomena BRITO, *op. cit.*, p. 30。

14 Marie RISSELIN-STEENBRUGEN, *op. cit.*, pp. 383–385.

15 Maria Filomena BRITO, *op. cit.*, nos. 16, 17, 18 and 19, pp. 47–49.

16 编号inv. 1889/T的样品与里斯本RT/0001镶边的宽度一致。参见Marialuisa RIZZINI, card no. 44 in Marina CARMIGNANI, Marialuisa RIZZINI and Maria Paola RUFFINO (eds.), *Merletti dalle collezioni di Palazzo Madama*, Cinisello Balsamo, Silvana Editoriale, 2013, pp. 96–97。

17 该样品册中的蕾丝样品宽度从4.5厘米到7.5厘米不等，样品册附在一封日期为1740年2月12日的信中(ASV, *Palazzo Apostolico, Computisteria*, vol. 218, ff. 159–161)。

18 在关于如何保护极其罕见的佛兰德斯样品方面，已经提出了这个问题。参见Marie RISSELIN-STEENBRUGEN, 'Un livre de patrons de dentelles du XVIII sìecle', in *Bullettin des Musées royaux d'Art et d'Histoire*, Brussels, vols 43–44, 1971–1972, pp. 131–141; Marguerite COPPENS, 'Un cahier de dessins de dentelles, daté de 1750, et son contexte commercial, d'après les archives d'une famille de fabricants anversois. Les Reyns', *op. cit.*, pp. 49–72。

第 4 章　书　籍

阅读世俗书写的神圣文字

为了给礼拜堂配备相关物品，一个人能如此慷慨，煞费苦心地做出种种具体的安排……他肯定不会忘记节日和日常使用的赞美诗歌集和祈祷书。

——弗朗西斯科·马克斯·德索萨·维泰尔博，R.维森特·德阿尔梅达
（《圣罗克教堂内的施洗者圣约翰礼拜堂》，1900年）

两部《弥撒祈祷书》，罗马：萨尔维奥尼，1735年（图103）
一部《使徒书》，罗马：萨尔维奥尼，1746年（图104）

第146—147页
《在圣女和圣徒围绕下的圣三一》（局部细节）
版画（红铅粉印制）
奥雷利亚诺·梅拉尼（设计），吉奥·巴塔（雕版）
出自《使徒书》（罗马：萨尔维奥尼，1746 出版）
（ Inv. LA.Mp.XVIII.985）

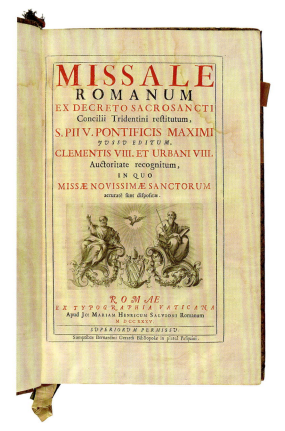

图 103
《罗马弥撒祈祷书》
（扉页）
罗马：萨尔维奥尼，1735
出版
（Inv. LA.Mp.XVIII.115）

图 104
《使徒书》（扉页）
罗马：萨尔维奥尼，1746
出版
（Inv. LA.Mp.XVIII. 985）

图 105
《福音书》（扉页）
罗马：萨尔维奥尼，1746
出版
（Inv. LA.Mp.XVIII.112）

图 106
《弥撒正典》（扉页）
罗马：萨尔维奥尼，1745
出版
（Inv. LA.Mp.XVIII.113）

一部《福音书》，罗马：萨尔维奥尼，1746 年（图 105）

一部《弥撒正典》，罗马：萨尔维奥尼，1745 年（图 106）

一般认为，上述图书就是施洗者圣约翰礼拜堂得到的全部宗教典籍了。这个观点由来已久，是根据路易斯·弗朗西斯科·泽维尔·特列斯·德梅洛在担任礼拜堂的管理者时编纂的《施洗者圣约翰礼拜堂财产目录（1784 年编）》得出的。[1] 因此，这些图书被认为属于若昂五世委托添置的物品，若昂五世的委托形成了一批卷帙浩繁的手稿，包含从 1707 年开始与在意大利负责皇家委托的各位大使和代理人之间的通信、清单、报告和账目。

由于已经知道施洗者圣约翰礼拜堂在罗马的施工时间是 1742 年至 1752 年之间（日期分别是在圣罗克教堂内建设礼拜堂的第一份"订单"的时间和竣工完成的时间），因此，研究过程中需优先考虑明确提及书籍及相关物品的委托的原始出处，即如下文献：

里斯本耶稣会神父若昂·巴蒂斯塔·卡尔博内与驻罗马大使曼努埃尔·佩雷拉·德桑帕约之间的通信；

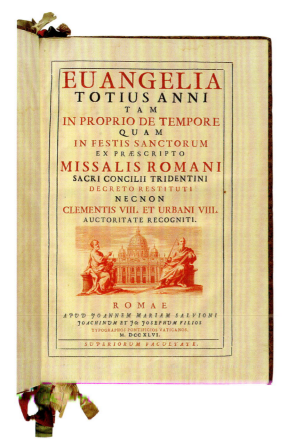

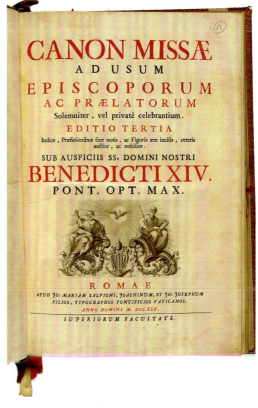

所下订单的账目集，包含：订单、预算、收据、收到的款项摘要、货物提单；

必须的和所需的图书的手写目录。

书籍项目的委托

与施洗者圣约翰礼拜堂有关的第一项委托发生于 1742 年 10 月 26 日[2]，确立了建筑规划的工作方法。1744 年 5 月 29 日，第一份详细指定了所需书籍的订单发布[3]，其中强调书籍本身及装帧都必须是最高级的。从收据中能够看出，为书籍所制作的附属产品都是十分华丽的，包括书签、衬垫、书衣等，进一步强化了"最高级"这个理念，贝尔纳迪诺·杰拉尔迪的丝绸书签就是例证。[4]

关于《使徒书》和《福音书》的委托被记录在 1743 年的采购说明中，1744 年有进一步的文献记载，1745 年，收到了符合指示的图书："很满意《使徒书》和《福音书》的行文，必须完全分开，每册单独装帧；另外，认为应该在单词之上标记重音，以便区分倒数第二个音节的长短。"[5] 标记了重音的副本应该就是 675 号收据中所提及的（图 107）；收据由乔瓦尼·马里亚·萨尔维奥尼[6]于 1745 年 2 月开具，其中记录了《使徒书》和《福音书》共计 15 卷的印刷条目。[7] 事实上，在 1742 年至 1748 年间，有很多订单购买了这两种书，数量不等，[8] 这表明它们原本是为了分配给不同的教堂和不同的祭坛。

通常认为，为这些图书进行装帧的是贝尔纳迪诺·杰拉尔迪，不过有一份单独的账目和收据是开给负责装帧的工匠穆齐奥·博纳（1641—1747）的。这两个人都是罗马的书商，店铺都在帕斯昆诺广场，且都与萨尔维奥尼经营的教廷印刷公司有业务往来。比方说，一份于 1747 年 3 月 22 日开给穆齐奥·博纳的收据（1522 号）中提及："将书的正文装订成两大卷，一卷《使徒书》，一卷为整部《福音书》，由萨尔维奥尼以对开本印刷，猩红色黎凡特（皮革）封面，装饰黄金。"[9]

至于《弥撒祈祷书》，1744 年的订单中指出："购买弥撒用书。三部《弥撒祈祷书》，使用不同的装帧方式，以便用于不同的日子，但全都要最精良、最杰出的装帧。"[10] 相关的收据（747 号，1745 年 7 月 9 日开具）证实了这些细节："来自萨尔维奥尼出版社的三部《弥撒祈祷书》，装订完成，对开本，西班牙丝绸搭扣，黎凡特深红色皮革封面，纸张敷金，有鲜明图案装饰，封面上满是黄金装饰的图案。"[11]

　　基于这种描述，我们找到了施洗者圣约翰礼拜堂祈祷书的采购和装帧工作之间的联系，因为其中一本书上装饰着葡萄牙皇家徽记的图案，另一本上有耶稣受洗的微型画——这一主题正是施洗者圣约翰礼拜堂的中央马赛克拼贴画所描述的主题，同时也与君主兼赞助人的名字直接相关。也正是通过这一微型画，可以确定这些图书是属于施洗者圣约翰礼拜堂的。这种认定也可以延伸应用于《使徒书》和《福音书》的装帧上，杰拉尔迪的收据使这种假设得到了证实，该收据中提及了这两部书的装帧："封皮采用

图 107
里斯本王室有关账目在罗马付款的法律证明文件
B.A. Ms. 49–VIII–14, f. 263
萨尔维奥尼开具，675 号收据，1745 年 2—4 月

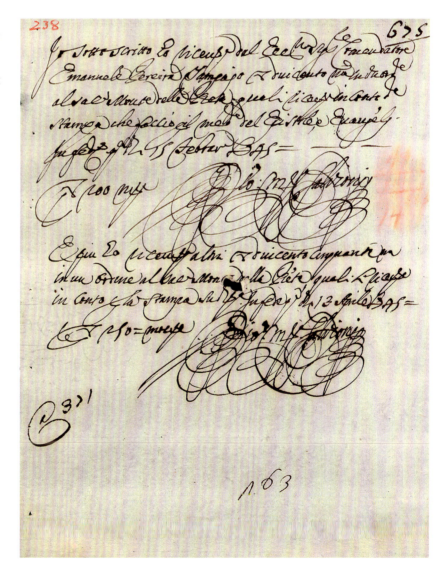

151

深红色摩洛哥皮革，全部敷金，两卷均为皇家对开本，一部为《使徒书》，一部为《福音书》。"（1747 年 5 月 7 日）[12]

除了前面分析过的通信，购买《弥撒正典》的支出并没有出现在任何具体的文献中，也未曾被明确提及过，唯一有关的就是 1742 年的一份订单（比给礼拜堂订购图书的订单要早），其中提及："两部普通的罗马仪式书，即弥撒祈祷书"，要求新近印刷的，订单中同时还要购买"六本教皇祈祷书"[13]。最确切的资料是在账簿中找到的，一份由贝尔纳迪诺·杰拉尔迪开具的收据（961 号，1745 年 12 月）提及，除了其他工作，还包括装订"八部正典，使用深红色皮革，内外敷金"，另外还有一笔数额单独列出，是付给萨尔维奥尼的，用于"萨尔维奥尼新出版的一部教皇正典"的印刷。[14]

这部书的内容结构与《弥撒祈祷书》的固定部分是相同的，特殊的地方是全书最前面有一篇扩展的导言，鉴于此，这部书应该是在宗教庆典仪式上代替普通的《弥撒祈祷书》使用。如前所述，两部祈祷书，一部有皇家徽记的版画，一部有耶稣受洗的微型画，装帧上的特点明确了它们与施洗者圣约翰礼拜堂的珍宝之间的关系，同时也暗示，这部正典很可能是取代了第三部祈祷书——订单中曾经提及，之后应该也购买并装帧完成，但在路易斯·弗朗西斯科·特列斯·德梅洛神父编纂的图书目录中已经找不到了。

版画和装帧

所有这些书中都有版画插页（图 108），数量从 4 幅（《使徒书》和《福音书》）到 16 幅（《正典》）不等，标记日期均为 1735 年，两部《弥撒祈祷书》的日期也是如此，在为礼拜堂采购书籍的订单确定前，应该只有那两部祈祷书是已经印刷完成的。相同的图画会根据主题的安排重复出现在不同的书中。这些版画的作者都是意大利视觉艺术中的重要人物，与圣路加学院都存在直接或间接的联系，也许正是出于这个原因，在通信中找不到对这些作品的任何评论，甚至连给作者的付款收据也没有。这似乎证明了寄送给葡萄牙并立即得到满意评价的样书中的版画质量。

这五部书的装帧是最初的表明施洗者圣约翰礼拜堂及其附属物被认为是一个"宝库"的证据（图 109）。这些书用黄金装饰，华美绚丽，中心图案所选择的符号象征着皇家礼拜堂。考虑到礼拜堂及其主题，耶稣受洗的

图 108
《天使报喜》
版画（红铅粉印制）
卡罗鲁斯·罗瓦尼恩西斯
（设计），B. 蒂布斯特（雕版）
出自《使徒书》（罗马：萨尔维奥尼，1746 出版）
（Inv. LA.Mp.XVIII. 985）

Carolus Lovanensis inue.　　　　B. Thiboust sculp.

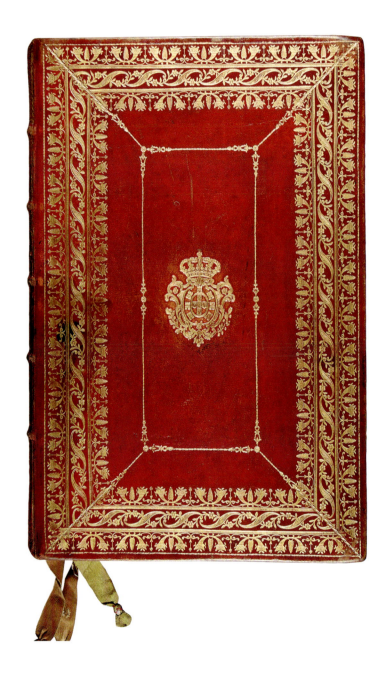

图 109
《罗马弥撒祈祷书》
（封皮）
红色摩洛哥皮革，带状花
纹装饰和皇家徽记为黄金
压花
罗马：萨尔维奥尼，1735
出版
（Inv. LA.Mp.XVIII.114）

微型画是非常自然的选择（图 110），但皇家徽记不能等而视之。然而，众所周知，外封有皇家徽记的装饰，能反映出投入在书的内容上的价值，或是反映出书籍的所有人，并且表明这些作品意义重大，高瞻远瞩，极具权威，其目的是为了巩固若昂五世在欧洲各国君主中的政治和文化地位，并取悦教皇。与此情况类似，这些书籍的封面和封底所使用的纸张也都是相

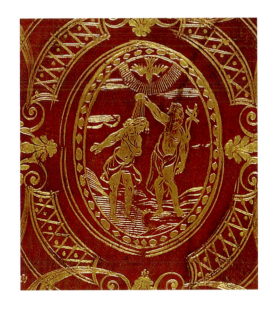

图 110
《罗马弥撒祈祷书》（描绘基督受洗的微型画的局部细节）
红色摩洛哥皮革，带状花纹装饰和各种图案为黄金压花
罗马：萨尔维奥尼，1735出版
（Inv. LA.Mp.XVIII.115）

同的，源自意大利，因其卓越的品质、装饰图案和颜色而出众。

从建造施洗者圣约翰礼拜堂的想法最初形成的那一刻起，它就被形形色色的参与建设和创造工作的人视作一件艺术品，其设计和实施中都没有任何细节被疏忽。从现存的同时代的资料和宗教仪式用书籍能清楚地看出这一点——《正典》是个例外，这是个特例。这种对细节的关注，体现在这些书的外观（装帧）上，同样也体现在为它们的内容增添价值的细节上（红色明暗的版画，这种颜色被称作"血红"）。"在不同的日子"举行的仪式活动中，搭配上相关的附属品、法衣和装饰，这些书籍的华丽恰好可以被一览无余，而且与周围的环境十分协调。

注　释

1 这份文献的文字版收录于 Francisco Marques de Sousa VITERBO and R. Vicente d'ALMEIDA, *A Capella de S. João Baptista Erecta na Egreja de S. Roque*, Lisbon, Livros Horizonte, 1997, p. 71. (1st edition 1900)。

2 日期根据订单随附的信件确定，参见 Biblioteca da Ajuda (Lisbon), Ms. 51-X-32, f. 85。

3 B.A., Mss. 49-VIII-27, p. 55 and 49-VIII-41, f. 20v.

4 B.A., Ms. 49-VIII-16, ff. 163, 172.

5 cf.B.A., Ms. 49-VIII-41, f. 147v.

6 萨尔维奥尼，罗马当地人，最初为书商。1707年至1714年，他在 Campo de Fiori 经营自己的出版社。1715年，他受教皇克莱门特十一世委任，管理位于智慧宫的梵蒂冈出版社。

7 cf.B.A., Mss. 49-VIII-14, f. 263, 49-IX-22, f. 232 and 49-IX-23, f. 371.

8 有关收据的问题，参见 BA, Mss. 49-VIII-14 (no. 1745), ff. 306, 436, 499; 49-VIII-15(no. 1746), ff. 30, 229。

9 cf. B.A., Ms. 49-VIII-16, f. 33.

10 cf. B.A., Ms. 49-VIII-27, f. 55.

11 cf. B.A., Mss. 49-VIII-14, f. 332, 49-IX-23, f. 390 and 51-XIII-49, f. 316.

12 cf. B.A., Ms. 49-VIII-16, f. 88.

13 cf. B.A., Ms. 49-VIII-40, f. 117v.

14 cf. B.A., Mss. 49-VIII-14, f. 636 and following, and 49-IX-23, f. 450.

第 5 章　其他艺术品

施洗者圣约翰礼拜堂工程中的次要项目和委托工作的各个方面

从本书中出现的各篇文章可以清楚看出，施洗者圣约翰礼拜堂的工程委托是一个紧密关联的整体。除了严格意义上的艺术性部分的元素，这份委托中还包含着与教堂的功能和日常生活有关的其他一些方面的内容和项目。放到整个委托中，这些可能会被认为是次要的、不相关的方面，本章将简要介绍。

在 1744 年 3 月 9 日的一封信中，订购了制作圣饼所需的所有相关工具、装水和酒的器皿，以及用于教堂清洁和维护的器具，此外，用于存放金银器艺术品的橱柜（以及专门提到的蜡烛），也都是一开始就预计到会需要，自然地订购了。

若昂五世统治时期的葡萄牙驻罗马的大使提供了卷帙浩繁的文献，如今都保存在阿茹达图书馆中，事实证明，在这些文献中能够找到一套由五份清单组成的文献，详细列出了在 1741 年、1744 年、1745 年、1748 年、1749 年和 1750 年由罗马分五批运往里斯本的货箱以及箱中所装的物品。另外，还有第六份清单，是关于在 1751 年至 1752 年间运往里斯本的 44 个货箱的。[1]

根据前五份清单，从 1741 年开始，至若昂五世当政最后一年的 1750 年为止，总计有 280 个货箱从罗马运往葡萄牙的首都，清单上记录了箱中的货物。而第六份清单中记录的 1751 年至 1752 年间的 44 个箱子，也必须加到总数里面。

若昂五世在世时运送的最后一批货物，是于 1750 年 2 月从罗马发出的，包含 97 个箱子，内容记录在第五份清单上。[2] 在最后这一批近百箱物品中，有四个橱柜可以被认定是用于给圣罗克教堂内皇家礼拜堂存放珍贵器具的。这些橱柜被放置的区域，将要用作施洗者圣约翰礼拜堂的圣器收藏室，最近，研究者们从仁慈堂的建筑综合体的视角出发，认为这个圣器收藏室便是 20 世纪初的文献中提及的"圣约翰圣器收藏室"，位置在珍宝室楼下。[3]

第 156—157 页
黄金圣体匣（局部细节），已失传
（参见图 82）

图 111
忏悔室隔板
胡桃木和青铜鎏金
乔瓦尼·帕尔米尼，约 1750 年作于罗马
（inv. Mb 349）

需要特别注意的是，第一个箱子中所装的，就是这些橱柜的不同部件，橱柜在文献中被称作 credenzoni，是指尺寸相当大的橱柜或餐具柜，计划安置在圣器收藏室中，目的是存放礼拜堂的法衣和银器。

1749 年 5 月至 1750 年 1 月间，制作这些橱柜的费用款项付给了木匠卢奇诺·奇塔迪尼，阿茹达图书馆中保存的有关施洗者圣约翰礼拜堂工程的文献中有付款的证明。[4]

在葡萄牙驻罗马大使的账簿中，同样能找到为制作这批橱柜的金属鎏金装饰而付给银匠兼金属加工匠人洛伦佐·德卡波拉利的账目。比方说，在 1749 年至 1750 年间，有几条付款信息记录为"支付本人为葡萄牙王室制作的四个衣柜上的椭圆形金属鎏金物件"[5]，1750 年德卡波拉利提交的账目中有关于这些工作的汇总。由这份账目可以推断，这位罗马的银匠兼金属加工匠人还负责银质艺术品的设计和塑模，以供施工制作之用，因此，5728.5 斯库多这笔高额花销就有了合理解释——这个数字后来被安东尼奥·阿里吉修改（还价是当时的惯例），最后定为 5100 斯库多。[6]

银匠马泰奥·皮罗利（1701—1777）似乎也参与了圣罗克教堂皇家礼拜堂这些用于存放法衣和行头的橱柜上的金属装饰部件的制作，他于 1750 年 6 月 27 日提交的项目众多的账目中提及了给礼拜堂圣器收藏室的四个橱柜中的两个[7]制作的金属部件和金属装饰。值得注意的是，洛伦佐·德卡波拉利还制作了一个黄金圣爵以及配套的圣餐碟，是礼拜堂金银器收藏的一部分，如今已经失传。[8]

橱柜匠人乔瓦尼·帕尔米尼为施洗者圣约翰礼拜堂制作了两个胡桃木的忏悔室隔板（图 111）。同样是由于前述的送往里斯本的货物包装箱的清单，这两个忏悔室隔板可以被确认；它们于 1750 年 2 月——也可能是 1751 年或 1752 年——被运往葡萄牙首都[9]，当时若昂五世的执政期已经结束，因为两个胡桃木的忏悔室隔板是第六份清单中第 34 号包装箱中的物品。[10]

如今，人们可以在圣罗克博物馆中看到这两个忏悔室隔板[11]，专门设计的小型尺寸是为了便于安置在将皇家礼拜堂和耶稣会教堂本堂分隔开的栏杆上，"可以支起来，也可以放下；要装在礼拜堂的阳台栏杆上，用鎏金的金属做装饰。"[12]（图 112）

最后一个值得提及的细节是一个十分有趣的项目，若昂五世统治的最后十年里，从罗马运往里斯本的箱子里所装的货物中，有一部分实际上是

图 112
施洗者圣约翰礼拜堂全貌
（两个忏悔室隔板位于栏杆上）

施洗者圣约翰礼拜堂中所用到的各种石头部件的备份，以便在损坏的情况下进行替换。阅读第五份清单可以发现，第85号箱所装货物如下："各种石头，质量和硬度不一，用于礼拜堂的施工，这些是预备和增补的，以备不时之需。"[13] 1892年10月3日由访问者埃内斯托·曼努埃尔·金坦斯编纂的清单中，礼拜堂的附属物品中仍然包含"两个包裹，里面装满了小块天青石，及其产地的书面证明"[14]，由此可以推断，在那个时候，一些石头仍然是存在的。

注 释

1 cf. Biblioteca da Ajuda (Lisbon), Ms. 49-VIII-22, f. 433–433v.

2 B.A., Ms. 49-VIII-26, ff. 1–40.

3 这些信息来自若昂·西蒙斯博士的研究成果，感谢其慷慨分享。

4 B.A., Ms. 49-VIII-18, f. 63 (1749年5月5日：300斯库多), f. 75 (1749年7月12日：320斯库多), f. 103 (1749年8月5日：300斯库多), f. 157 (1749年10月3日：100斯库多), f. 264 (1749年12月8日：300斯库多) and f. 292(1750年1月5日：40斯库多).

5 B.A., Ms. 49-VIII-18, f. 89.

6 B.A., Ms. 49-VIII-19, f. 301.

7 B.A., Ms. 49-VIII-20, f. 234.

8 被认为最后一份提及这些（现已失传的）橱柜的记录日期为1892年，确切地说是10月3日。这个日期出现在一份由访问者埃内斯托·曼努埃尔·金坦斯编纂的清单中，编纂过程中圣仁慈堂主管的助手若热·卡梅利耶和教堂司库若泽·安东尼奥·达孔塞桑·维埃拉神父在场。在这份文献中，这些橱柜总计有六个，描述信息非常短，表明它们可能已经被替换掉了或是移动了位置——参见Arquivo Histórico da Santa Casa da Misericórdia de Lisboa, *Inventário de Bens. Tesouro da Real Capela de S. João Baptista*, ch. 1, f. 7v.

9 cf. B.A., Ms. 49-VIII-35, pp. 43–196.

10 cf. B.A., Ms. 49-VIII-22, f. 433–33v.

11 Inv. MB. 0349.

12 B.A., Ms. 49-VIII-35, p. 187.

13 B.A., Ms. 49-VIII-35, pp. 174–175.

14 A.H.S.C.M.L., *Inventário de Bens. Tesouro da Real Capela de S. João Baptista*, ch. 1, f. 7v.

黄金圣体匣（局部细节），
已失传
（参见图84）

参考文献

梵蒂冈圣彼得档案馆

ARM. 12 G 14 B, c. 496. c. 497

ARM. 43, E, N. 90 c.479

Arm. 43, E., n. 92, Arm. 43, E., n. 91

里斯本仁慈堂历史档案

SCML/IG/SJB/01/Lv. 001

Ch. 01. *Inventários de Bens. Tesouro da Real Capela de S. João Baptista*, 1892

Ch. 02. *Inventários de Bens. Tesouro da Real Capela de S. João Baptista – relatório do adjunto Camelier* [Report by Adjunct Camelier], 1892

Ch. 08. Doc. 3, *Certidão da prata fundida na Casa da Moeda* (29 October 1808)

Codice Ottoboniano Latino, N°3118

里斯本阿茹达图书馆

Ms. 46-XIII-9, Ms. 46-XIII-10

Ms. 49-VI-15, Ms. 49-VI16, Ms. 49-VI-23, Ms. 49-VI-28

Ms. 49-VII-11, Ms. 49-VII-13, Ms. 49-VII-13a (cota provisória), Ms. 49-VII-16, Ms. 49-VII-32, Ms. 49-VII-33, Ms. 49-VII-34, Ms. 49-VII-35, Ms. 49-VII-36, Ms. 49-VII-37, Ms. 49-VII-38, Ms. 49-VII-43

Ms. 49-VIII-12, Ms. 49-VIII-13, Ms. 49-VIII-14, Ms. 49-VIII-15, Ms. 49-VIII-16, Ms. 49-VIII-17, Ms. 49-VIII-18, Ms. 49-VIII-19, Ms. 49-VIII-20, Ms. 49-VIII-21, Ms. 49-VIII-22, Ms. 49-VIII-23, Ms. 49-VIII-24, Ms. 49-VIII-25, Ms. 49-VIII-26, Ms. 49-VIII-27, Ms. 49-VIII-28, Ms. 49-VIII-29, Ms. 49-VIII-31, Ms. 49-VIII-32, Ms. 49-VIII-33, Ms. 49-VIII-35, Ms. 49-VIII-40, Ms. 49-VIII-41

Ms. 49-IX-1, Ms. 49-IX-9, Ms. 49-IX-10, Ms. 49-IX-11, Ms. 49-IX-12, Ms. 49-IX-22, Ms. 49-IX-23, Ms. 49-IX-31, Ms. 49-IX-3, Ms. 49-XI-12, Ms. 49-XI-19

Ms. 51-X-1, Ms. 51-X-31, Ms. 51-X-32

Ms. 51-XIII-16, Ms. 51-XIII-17, Ms. 51-XIII-18, Ms. 51-XIII-49

Ms. 54-IX-9, N° 76, Ms. 54-XI-25, N° 51 a N° 54

已整理出版资料

ALBERTI, Leon Battista, *L'architettura* (ed. Giovanni Orlandi, introduction and notes by Paolo Portoghesi), Milan, Ed. Il Polifilo, 1966

CHRACAS, Luca Antonio, *Diario Ordinario*, Rome [various dates]

DEBENEDETTI, Elisa (ed.), *Artisti e Artigiani a Roma I e II, Degli Stati delle Anime del 1700, 1725, 1750, 1775* (col. *Studi sul Settecento Romano*, vols 20–21), Rome, Bonsignori Editore, 2004–2005

FORTEGUERRI, Niccolò, *Il Ricciardetto*, vol. II, Milan, Societa Tipografica de' Classici Italiani, 1813

MARIETTE, Pierre-Jean, *Catalogues de la Collection d'Estampes de Jean V, Roi de Portugal* (ed. Marie-Thérèse Mandroux-França and Maxime Préaud), Lisbon–Paris, Fundação Calouste Gulbenkian-Fundação da Casa de Bragança-Centre Culturel Calouste Gulbenkian-Bibliothèque Nationale de France, 1996–2003

PASSARINI, Filippo, *Nuove inventioni d'ornamenti d'architettura e d'intagli diversi: utili ad argentieri, intagliatori, ricamatori et altri professori delle buone arti del disegno*, Rome, Domenico de Rossi, 1698

GUERRA, Luís Bivar, *Colégios de Santo Antão, S. Roque, S. Francisco Xavier e Noviciado de Arroios (Companhia de Jesus): Arquivo do Tribunal de Contas* (col. 'Documentos para a História da Arte em

Portugal', vol. 5), Lisbon, Fundação Calouste Gulbenkian, 1969

MANOEL, Francisco d'Orey (ed.), *Fundo Musical. Século XVI ao Século XIX*, 2 vols, Lisbon, Santa Casa da Misericórdia de Lisboa, 1994

VELOSO, Júlio Caio, *Catálogo das obras impressas no século XVIII. A colecção da Santa Casa da Misericórdia de Lisboa*, 2 vols, Lisbon, Santa Casa da Misericórdia de Lisboa, 1999

一般性著作和研究

Aa.Vv. *Antichi telai. I Tessuti d'Arte del Patrimonio del Fondo Edifici di Culto del Ministero dell'Interno*, Rome, Elio De Rosa Editore, 2009

Aa.Vv., *Le Botteghe degli Argentieri Lucchesi del XVIII Secolo* (exhibition catalogue), Florence, Study for Edizione Scelte, 1981

AAVV, *Luigi Vanvitelli*, Naples, Edizione Scientifiche Italiane, 1973

ALMEIDA, Luís Ferrand de, 'D. João V e a Biblioteca Real', in *Revista da Universidade de Coimbra*, vol. 36, 1991

AVERY, Charles, *Fingerprints of the Artist. European Terracotta Sculpture from the Arthur M. Sackler Collections*, Washington, The Arthur M. Sackler Foundation – The Fogg Art Museum, 1981

BARUCCA, Gabriele, and Jennifer MONTAGU (ed.), *Ori e Argenti. Capolavori del '700 da Arrighi a Valadier*, Milan, Skira Editore, 2007

BÉNÉZIT, Edouard, *Dictionnaire Critique et Documentaire des Peintres, Sculpteurs, Dessinateurs et Graveurs* [Paris], Librairie Gründ, 1966

BERINGER, Joseph August, *Peter A. von Verschaffetlt*, Strasbourg, 1902

BEVILACQUA, Mario, and Elisabetta MORI (ed.), *Beatrice Cenci: la storia, il mito*, Rome, Fondazione Marco Bresso, 1999

BEVILACQUA, Mario, *Il monte dei Cenci: una famiglia romana e il suo insediamento urbano tra Medioevo e età baroca*, Rome, Gangemi, 1988

BIGAZZI, Isabella, 'Ricami d'ogni sorte, d'oro, d'argento e seta', in Riccardo SPINELLI (ed.), *Arti fiorentine: la grande storia dell'Artigianato, Il Seicento e il Settecento*, vol. V, Florence, Giunti, 2002

BONANNI, Filippo, *La gerarchia ecclesiastica considerata nelle vesti sagre, e civili usate da quelli, li quali le compongono, Espresse, e spiegate con le immagini di ciascun grado della medesima. Offerta alla Maestà di GIOVANNI QUINTO RE' DI PORTOGALLO e DELL'ALGARVE*, Rome, Stamperia Giorgio Placho, 1720

BOWRON, Edgar Peters, and Joseph J. RISHEL (ed.), *Art in Rome in the Eighteenth Century*, Philadelphia, Merrell – Philadelphia Museum of Art, 2000

BRAZÃO, Eduardo, 'A Cultura Portuguesa no Reinado de D. João V', in *Estudos Italianos em Portugal*, no. 2, Lisbon, 1940

BRAZÃO, Eduardo, *D. João V e a Santa Sé*, Coimbra, Coimbra Editora, 1937

BRIGGS, Martin S., 'St John's Chapel in the Church of St Roch, Lisbon', in *Burlington Magazine*, no. XXVIII (1915)

BRITO, Maria Filomena, *Rendas Barrocas em Portugal Colecção da Capela de S. João Baptista*, Lisbon, Santa Casa da Misericórdia de Lisboa e Livros Horizonte, 1997

BULGARI, Costantino, *Argentieri, Gemmari e Orafi d'Italia*, 2 vols, Rome, Lorenzo del Turco, 1958–1959

CAHEN, Antoine, 'Les Prix de Quartier à l'Académie Royale de Peinture et de Sculpture', in *Bulletin de la Société de l'Histoire de l'Art Français*, 1993 (1994)

CALILLUNI, Anna Bulgari, Argentieri, Gemmari d'Italia in Roma, Roma, Roma, 1987

CANDIAGO, Anna, 'Un Tesoro di Oreliceria Romana del Secolo XVIII a Lisbona: Gli Argenti di S. Rocco', in *Estudos Italianos em Portugal*, no. 24 (1965)

CARMIGNANI, Marina, *Tessuti Ricami e Merletti in Italia*, Milan, Electa, 2005

CARMIGNANI, Marina, Marialuisa RIZZINI and Maria Paola RUFFINO (ed.), *Merletti dalle collezioni di Palazzo Madama*, Cinisello Balsamo, Silvana Editoriale, 2013

CARVALHO, A. Ayres de, *D. João V e a Arte do Seu Tempo*, vol. 2, Lisbon, Edição do Autor, 1962

CATALDI GALLO, Marzia, *Le vesti dei Papi: i parati della Sacrestia pontificia. Seicento e Settecento*, Genoa, De Ferrari, 2011

CELLINI, Antonia Nava, *La Scultura del Settecento*, 2nd edition, Milan, Garzanti, 1992 (1st edition 1982)

COGO, Bruno, *Antonio Corradini Scultore Veneziano*, Este, Libreria Gregoriana Estense, 1996

COLLE, Enrico, Angela GRISERI and Roberto VALERIANI, *Bronzi Decorativi in Italia. Bronzisti e Fonditori Italiani dal Seicento all'Ottocento*, Milan, Electa, 2001

CONCEIÇÃO, Frei Cláudio da, *Gabinete Histórico*, Lisbon, Imprensa Nacional, 1823–1829

CONTARDI, Bruno, 'L'altare di San Luigi Gonzaga in Sant'Ignazio', in Alberta BATTISTI (ed.), *Andrea Pozzo*, Milan–Trento, Luni Editore, 1996

COPPENS, Marguerite, 'Un cahier de dessins de dentelles, daté de 1750, et son contexte commercial. D'après les archives d'une famille de fabricants anversois. Les Reyns', in *Bullettin des Musée Royaux d'Art et d'Histoire*, vol. 53, fasc. 1, 1982

D'AMELIO, Maria Grazia, and Carlo Stefano SALERNO, 'Virtù e difetti degli smalti settecenteschi di Alessio Mattioli: la qualità delle tinte e la loro alterazione dalle prime critiche del chimico Alessandro Martelli alle indagini sui mosaici della Basilica Vaticana nel periodo dell'occupazione francese', in C. FIORI and M. VANDINI (ed.), *Ravenna Musiva. Conservazione del Mosaico Antico e Contemporaneo. Atti del Convegno*, Bologna, Ante Quem, 2010

DEBENEDETTI, Elisa, 'Gli Altari in Duomo e altri altari urbinati' in Giuseppe CUCCO (ed.), *Papa Albani e le arti a Urbino e a Roma 1700–1721*, Rome, Marseilles, 2001

DEBENDETTI, Elisa (ed.), *Carlo Marchionni. Architettura, decorazione e scenografia Contemporanea* (col. Studi sul Settecento Romano, 4), Rome, Bonsignori Editore, 1988

DEBENEDETTI, Elisa (ed.), *Sculture romane del Settecento. La Professione dello Scultore* (col. *Studi sul Settecento Romano*, 17, 18 and 19), 3 vols, Rome, Bonsignori Editore, 2001–2003

DEBENEDETTI, Elisa (ed.), *Palazzi, chiese, arredi e scultura*, vol. I (col. *Studi sul Settecento Romano*, 27), Rome, Bonsignori Editore, 2011

DE FEO, Vittorio, 'Le cappelle e gli altari', in Vittorio DE FEO and Valentino MARTINELLI (ed.), *Andrea Pozzo*, Milan, Electa, 1996

DELAFORCE, Angela, *Art and Patronage in Eighteenth-century Portugal*, Cambridge, Cambridge University Press, 2002

DEL RICCIO, Agostino, *Istoria delle Pietre*, 1597 (ed. P. Barocchi), Florence, Study for Edizioni Scelte, 1979

DI SIVO, Michele (ed.), *I Cenci nobiltà di sangue*, Rome, Fondazione Marco Bresso – Edizioni Colombo, 2002

DESMAS, Anne-Lise, *Le Ciseau et la Tiare. Les sculpteurs dans la Rome des Papes 1724–1758* (col. De l'École Française de Rome, 463), Rome, École Française de Rome, 2012

DESMAS, Anne-Lise, 'Pierre de L'Estache (c. 1688–1774): un Sculpteur Français à Rome entre Institutions Nationales et Grands Chantiers Pontificaux', in *Studiolo: Revue d'Histoire de l'Art de l'Académie de France à Rome*, no. 1 (2002)

DESMAS, Anne-Lise, 'Portraits de Français Sculptés à Rome par un Français, Pierre de L'Estache, entre 1720 et 1750', in *Gazette des Beaux-Arts*, 144, ser. 6, vol. CXL, no. 1607 (2002)

DE STROEBEL, Anna Maria, *L'Arazzeria di San Michele tra il Settecento e L'Ottocento attraverso le opere della collezione vaticana* in *Arte e artigianato nella Roma di Belli*, Rome, Edizioni Colombo, 1998

DE STROEBEL, Anna Maria, *Le Arazzerie Romane dal XVII al XIX secolo*, Rome, Istituto Nazionale di Studi Romani, 1989

DE VICENTI, Monica, 'Piacere ai Dotti e ai Migliori. Scultori Classicisti del Primo '700', in Giuseppe PAVANELLO (ed.), L*a Scultura Veneta del Seicento e del Settecento. Nuovi Studi*, Venice, Istituto Veneto di Scienze, Lettere ed Arti, 2002

ELIAS, Norbert, *A Sociedade de Corte*, Lisbon, Editorial Estampa, 1987

ENGGASS, Robert, 'Bernardino Ludovisi III: his work in Portugal', in *Burlington Magazine,* vol. CX, no. 788 (Nov. 1968)

ENGGASS, Robert, *Early Eighteenth-century Sculpture in Rome. An Illustrated Catalogue*, University Park and London – The Pennsylvania State University Press, 1976

FARANDA, Franco, *Argentieri e Argenteria Sacra in Romagna dal Medioevo al XVIII Secolo*, Rimini, Luisè Editore, 1990

FERREIRA, Carlos Alberto, 'As livrarias reais de D. João IV a D. João VI', in *Memórias e comunicações apresentadas ao Congresso de História da Monarquia Dualista e Restauração, Tomo II. Congresso do Mundo Português (IV), II Secção: Restauração e Guerra da Independência*, Lisbon, Comissão Executiva dos Centenários and Bertrand Editora, 1940

FOQUE, Claude, 'Broderie', in Régis DEBRAY and Patrice HUGUES (ed.), *Dictionnaire Culturel du Tissu*, Paris, Babylone/Fayard, 2005

FRANÇA, José-Augusto, *Lisboa Pombalina e o Iluminismo*, Lisbon, Bertrand, 1987 (1st edition 1983)

FRANCHINI GUELFI, Fausta, 'Theatrum sacrum: materiali e funzioni dell'apparato liturgico', in *Apparato liturgico e arredo ecclesiastico nella Riviera Spezzina*, Genoa, Sagep, 1986

FUSCONI, Giulia, *Disegni Decorativi del Barocco Romano* (exhibition catalogue), Rome, Edizioni Quasar, 1986

FUSCONI, Giulia, 'Disegni decorativi di Johan Paul Schor', in *Bollettino d'Arte*, 33–34 (1985)

FUSCONI, Giulia, 'Philipp Schor, gli Altieri e il Marchese del Carpio', in *Johan Paul Schor und die internationale Sprache des Barock* (Atti delle giornate di studio, Rome, 2003), Munich, Hirmer Verlag München, 2008

GARMS, Jörg, 'Altari e tabernacoli di Luigi Vanvitelli', in *Luigi Vanvitelli e il '700 Europeo* I (Atti del Convegno Internazionale di Studi, Naples–Caserta. 1973), Naples, Istituto di Storia dell'Architettura dell'Università di Napoli, 1979

GOMES, Paulo Varela, *A Confissão de Cyrillo. Estudos de História da Arte e da Arquitectura*, Lisbon, Hiena, 1992

GOMES, Paulo Varela, *A Cultura Arquitectónica e Artística em Portugal no Século XVIII*, Lisbon, Editorial Caminho, 1988

GONZÁLEZ-PALACIOS, Alvar, *Arredi e Ornamenti alla Corte di Roma 1560–1795*, Milan, Mondadori Electa, 2004

GONZÁLEZ-PALACIOS, Alvar, 'Giovan Battista Calandra, un mosaicista alla corte dei Barberini', in *Ricerche di Storia dell'Arte*, nos. 1–2, Rome (Dec. 1976)

GONZÁLEZ-PALACIOS, Alvar, *Il Gusto dei Principi. Arte di Corte del XVII e del XVIII Secolo*, vol. I, Milan, Longanesi, 1993

GONZÁLEZ-PALACIOS, Alvar (ed.), *L'Oro di Valadier: Un Genio nella Roma del Settecento*, Rome, Fratelli Palombi Editori, 1997

GONZÁLEZ-PALACIOS, Alvar, 'Provenzale e Moretti: indagini su due mosaici', in *Antichità viva*, Year XV, no. 4 (Dec. 1976)

HARRIS, Ann Sutherland, *Andrea Sacchi*, Oxford, Phaidon, 1977

HAUTECOEUR, Louis, 'I musaicisti sampietrini del Settecento', in *L'Arte*, Year XIII (1910)

HONOUR, Hugh, *Goldsmiths and Silversmiths*, London, Weidenfeld & Nicholson, 1971

LAVAGNINO, Emilio, *Il Genio Italiano all'Estero: Gli Artisti in Portogallo*, Rome, La Libreria dello Stato, 1940

LEVENSON, Jay A. (ed.), *The Age of Baroque in Portugal*, London – New Haven, Yale University Press, 1993

LEVRON, Jacques, *La vie quotidienne à la cour de Versailles aux XVIIe–XVIIIe siècles*, 3rd edition, Poitiers–Ligugé, Hachette, 1986

LIPINSKY, Angelo, 'Il Tesoro di San Giovanni in Lisbona', in *Fede e Arte*, IX, no. 1 (Jan.–Mar. 1961)

LO BIANCO, Anna, and Angela NEGRO (ed.), *Il Settecento a Roma* (exhibition catalogue), Rome, Silvana Editoriale, 2005

MACHADO, Cirilo Wolkmar, *Colecção de Memórias Relativas às Vidas dos Pintores e Escultores, Arquitectos e Gravadores Portuguezes e dos Estrangeiros que Estiverão em Portugal* (ed. J.M. Teixeira de Carvalho and Vergílio Correia), Coimbra, Imprensa da Universidade, 1922 (1st edition 1823)

MANDROUX-FRANÇA, Marie-Thérèse, 'La Patriarcale du Roi Jean V de Portugal', in *Colóquio.Artes*, 2nd Série [2nd series], 31st year, no. 83 (Dec. 1989)

MANDROUX-FRANÇA, Marie-Thérèse, 'Rome, Lisbonne, Rio de Janeiro, Londres et Paris: Le Long Voyage du Recueil Weale, 1745–1995', in *Colóquio-Artes*, 2nd Série [2nd series], 38th year, no. 109 (Apr.– Jun. 1996)

MARCONI, Nicoletta, 'La prestigiosa collazione delle macchine del Zabaglia e la "scuola" di meccanica pratica della Fabbrica di San Pietro', in Angela MARINO (ed.), *Sapere e saper fare nella Fabbrica di San Pietro: 'Castelli e ponti' di maestro Nicola Zabaglia 1743* (ed. Paolo Portoghesi), Rome, Gangemi, 2008

MARCONI, Nicoletta, 'Glossario dei termini tecnici', in Angela MARINO (ed.), *Sapere e saper fare nella Fabbrica di San Pietro: 'Castelli e ponti' di maestro Nicola Zabaglia 1743* (ed. Paolo Portoghesi), Rome, Gangemi, 2008

MINOR, Vernon Hyde, 'A portrait of Benedict XIV by Bernardino Ludovisi', in *Antologia di Belle Arti. Studi sul Settecento II*, Nova Série [new series], nos. 59–62 (2000)

MOITA, Irisalva, 'O Aqueduto das Águas Livres e o abastecimento de água a Lisboa', *D. João V e o abastecimento de água a Lisboa*, vol. I (exhibition catalogue), Lisbon, Câmara Municipal de Lisboa, 1990

MONTAGU, Jennifer, *Antonio Arrighi: A Silversmith and Bronze Founder in Baroque* Rome, Todi, Tau Editrice, 2009

MONTAGU, Jennifer, 'Gagliardi versus Sampajo, the case for the defence', in *Antologia di Belle Arti. Studi Romani. I*, Nova Série [new series], nos. 67–70 (2004)

MONTAGU, Jennifer, 'Giovanni Battista Maini's role in two sculptural projects: the evidence of the drawings', in *Master Drawings. Essays in Memory of Jacob Bean (1923–1992)*, vol. 31, no. 4 (1993)

MONTAGU, Jennifer, *Gold, Silver and Bronze. Metal Sculpture of the Roman Baroque*, New Haven – London, Yale University Press, 1996

MONTAGU, Jennifer, 'The practice of Roman baroque silver sculpture', in *The Silver Society Journal*, no. 12 (Autumn 2000)

MORETTI, Cesare, and Carlo Stefano SALERNO, 'Contributi allo studio dei materiali e delle composizioni degli smalti per i mosaici della Basilica di San Pietro tra il XVI e il XVIII secolo', in *Quaderni Friulani di Archeologia*, XVI, no. 1 (Dec. 2006)

MORETTI, Cesare, Teresa MORNA, Teresa MEDICI, Carlo Stefano SALERNO and Marco VERITÀ, 'Glass weathering in eighteenth century mosaics: the St John's Chapel in the St Roch Church in Lisbon and the St Peter's Basilica in Rome', *II International Conference on Glass Science in Art and Conservation. Supplement,* Valencia, no. 9 (Dec. 2008)

MORNA, Teresa Freitas (ed.), *100 Anos do Museu de S. Roque,* Lisbon, Santa Casa de Misericórdia de Lisboa, 2005

MORONI, Gaetano, *Dizionario di erudizione storico ecclesiastica da S. Pietro sino ai nostri giorni,* Venice, Tipografia Emiliana, 1840–1861

OLIVEIRA, Helena, and Teresa Freitas MORNA (ed.), *Museu de São Roque,* Lisbon, Santa Casa da Misericórdia de Lisboa, 2008

OROZCO DÍAZ, Emilio, *El teatro y la teatralidad del Barroco,* Barcelona, Planeta, 1969

PAMPALONE, Antonella, "Merletti tra le carte", in NEGRO, Angela (ed.), *Storie di abiti e merletti: incontri al museo sull'arte e il restauro del pizzo,* Rome, Gangemi, 2014

PECCHIAI, Pio, *Il Gesù di Roma,* Rome, Società Grafica Romana, 1952

PEREIRA, Paulo, 'A simbólica manuelina. Razão, celebração, segredo', in *História da Arte Portuguesa,* vol. II, Lisbon, Círculo de Leitores, 1995

PEREIRA, Paulo, *A Obra Silvestre e a Esfera do Rei, iconologia da arquitectura manuelina na Grande Extremadura,* Coimbra, 1990

PEREIRA, Sheila Sousa, *O Arquitecto João Frederico Ludovice e a Quinta da Alfarrobeira,* (Master's dissertation in theory of art, the Faculty of Fine Arts of the University of Lisbon), Lisbon, 2003

PETRUCCI, Francesco, 'Contributi su Carlo Marchioni Scultore', in Elisa DEBENEDETTI (ed.), *Sculture Romane del Settecento. La Professione dello Scultore,* vol. I, Rome, Bonsignori Editore, 2001

PIMENTEL, António Filipe, 'Antonio Canevari e a Arcádia Romana: subsídios para o estudo das relações artísticas Lisboa/Roma no reinado de D. João V', in Teresa Leonor M. VALE (ed.), *Lisboa Barroca e o Barroco de Lisboa,* Lisbon, Livros Horizonte, 2007

PIMENTEL, António Filipe, 'Antonio Cannevari e a Torre da Universidade de Coimbra', in *Artistas e artífices e a sua mobilidade no mundo de expressão portuguesa,* Actas [Minutes], VII Colóquio Luso-Brasileiro de História da Arte [Portuguese-Brazilian Colloquium on the History of Art], Oporto, Faculdade de Letras da Universidade do Porto [Faculty of Letters of the University of Oporto], 2005

PIMENTEL, António Filipe, *Arquitectura e Poder. O Real Edifício de Mafra,* Lisbon, Livros Horizonte, 2002

PIMENTEL, António Filipe (ed.), *A Encomenda Prodigiosa. Da Patriarcal à Capela Real de S. João Baptista* (exhibition guide), Lisbon, Museu Nacional de Arte Antiga – Museu de São Roque – Imprensa Nacional-Casa da Moeda, 2013

PIMENTEL, António Filipe, 'D. Tomás de Almeida (1716–1754)', in D. Carlos A. Moreira AZEVEDO (ed.), *Os Patriarcas de Lisboa,* Lisbon, Centro Cultural do Patriarcado – Aletheia Editores, 2009

PIMENTEL, António Filipe, 'Nobre, séria e rica: a encomenda da capela lisboeta de S. João Baptista em S. Roque e a controvérsia barroco versus classicismo', *Anais* do *VI Colóquio Luso-Brasileiro de História da Arte* [Annals of the VI Portuguese–Brazilian Colloquium on the History of Art], Rio de Janeiro, Fundação Universitária José Bonifácio, 2004

PIMENTEL, António Filipe, 'Real Basílica de Mafra: salão de trono e panteão de reis', in *Boletim Cultural,* 93 (Feb. 1994)

PIMENTEL, António Filipe, 'Uma jóia em forma de templo: a Capela de São João Baptista', in *Oceanos,* no. 43 (Jul./Sept. 2000)

PORTOGHESI, Paolo, *Roma Barocca,* 4th edition, Rome–Bari, Laterza, 1988 (1st edition 1966)

QUIETO, Pier Paolo, *D. João V de Portugal e a Sua Influência na Arte Italiana do Século XVIII,* Lisbon Mafra, Elo, 1990

RACZYNSKI, Athanasy, *Dictionnaire Historico-Artistique du Portugal*, Paris, Jules Renouard & Cie, 1847

RIBEIRO, José Silvestre, *História dos estabelecimentos scientificos litterarios e artísticos de Portugal nos successivos reinados da monarchia*, vol. I, Lisbon, Typographia da Academia Real das Sciencias, 1871

RISSELIN-STEENEBRUGEN, Marie, *Trois siècles de dentelles aux Musées Royaux d'Art et d'Histoire*, 12th edition, Brussels, Musées Royaux d'Art et d'Histoire, 1987

RISSELIN-STEENEBRUGEN, Marie, 'Un livre de patrons de dentelles du XVIII siècle', in *Bulletin des Musées Royaux d'Art e d'Histoire*, Brussels, 6th series, nos. 43–44 (1971–1972)

RIZZINI, Maria Luisa, "*Essendo che sono cose che resteranno a perpetua memoria*". Due ricami milanesi del primo Seicento', in Flavia FIORI and Margherita ZANETTA ACCORNERO (ed.), *Il ricamo in Italia dal XVI al XVIII secolo* (Atti delle giornate di studio [Minutes of Study Sessions], Novara 21–22 Nov. 1998), Novara, Interlinea Edizioni, 2001

ROCCA, Sandra Vasco, and Gabriele BORGHINI (ed.), *Giovanni V di Portogallo e la Cultura Romana del suo Tempo (1706–1750)*, Rome, Àrgos Edizioni, 1995

ROCCA, Sandra Vasco, Gabriele BORGHINI and Paola FERRARIS (ed.), *Roma Lusitana, Lisbona Romana* (exhibition catalogue), Rome, Àrgos Edizioni, 1990

ROCCA, Sandra Vasco, and Gabriele BORGHINI (ed.), *S. Antonio dei Portoghesi*, Rome, Istituto per il Catalogo e la Documentazione – Edizioni Argos, 1992

ROCCA, Sandra Vasco, and Natália Correia GUEDES (ed.), *Thesaurus. Vocabulário de Objectos do Culto Católico*, Vila Viçosa, Fundação da Casa de Bragança, 2004

RODRIGUES, Maria João Madeira, *A Capela de S. João Baptista e as suas Colecções*, Lisbon, Inapa, 1989

RODRIGUES, Maria João Madeira, *Museu de São Roque*. Metais, 2nd edition, Lisbon, Museu de São Roque, 1988

ROTILI, Mario, *La vita di Luigi Vanvitelli*, Naples, Società Editrice Napoletana, 1975

SALDANHA, Nuno (ed.), *Joanni V Magnifico*, Lisbon, Instituto Português do Património Arquitectónico, 1994

SALDANHA, Sandra Costa, 'Os apóstolos em prata para a Patriarcal de Lisboa: modelos de ourivesaria dos escultores José de Almeida (1708–1770) e Joaquim Machado de Castro (1729–1822), in *Revista de Artes Decorativas,* Oporto, Universidade Católica Portuguesa, no. 2 (2008)

SALERNO, Carlo Stefano, 'L'interesse di Ghezzi per le pietre e le paste vitree', in Paolo COEN and G.B. FIDANZA (ed.), *Le pietre rievelate. Lo Studio di molte pietre di Pier Leone Ghezzi. Manoscritto 322 della Biblioteca Universitaria Alessandrina*, Rome, Istituto Poligrafico e Zecca dello Stato, Libreria dello Stato, Rome, 2011

SANTANGELO, Antonino, *Tessuti d'Arte Italiani dal XII al XVIII secolo*, Milan, Electa [1959]

SCHIAVO, Armando, *La Fontana di Trevi e le altre opere di Nicola Salvi*, Rome, Istituto Poligrafico dello Stato, 1956

SCHUETTE, M., and M. MULLER-CHRISTENSEN, *Il ricamo nella storia e nell'arte*, Rome, Edizioni Mediterranee, 1963

SILVA, Francisco Xavier da, *Elogio fúnebre e histórico do muito alto ... Rei de Portugal, o Senhor D. João V*, Lisbon, Regia Officina Sylviana, e da Academia Real, 1750

SMITH, Robert. C., 'João Frederico Ludovice, an eighteenth century architect in Portugal', in *Art Bulletin*, vol. XVIII, 3, Chicago, 1936

SNODIN, Michael, Nigel LLEWELLYN (ed.), *Baroque 1620–1800: Style in the Age of Magnificence* (exhibition catalogue), London, V&A Publishing, 2009

SOUCHAL, François, 'Quelques Sculptures Retrouvées du XVIIIe Siècle', in *Bulletin de la Societé de l'Histoire de l'Art Français*, Paris, 1996 (1997)

SPAGNIESI, Gianfranco, 'Rome et sa culture à l'époque du voyage de Soufflot', in *Soufflot et l'Architecture des Lumières*, Actes [Minutes], École Nacional Supérieure de Beaux Arts, Paris, 2001

SPESSO, Marco, *La cultura architettonica a Roma nel XVIII secolo: Gerolamo Theodoli (1677-1766)*, Rome, Bulzoni, 1991

TASSINARI, Magda, ' "Et essendo la nostra arte sorella della pittura" : il ricamo a Roma tra Sei e Settecento e i corredi liturgici della Cappella di San Giovanni Battista nella chiesa di San Rocco a Lisbona', in *Römische Historische Mitteilungen*, no. 54 (2012)

TEMPESTA, Claudia, 'Le storie del Battista in San Giovanni in Fonte', in R. BARBIELLINI AMIDEI, L. CARLONI and C. TEMPESTA (ed.), *Andrea Sacchi 1599-1661* (exhibition catalogue), Rome, Ed. De Luca, 1999

TITI, Filippo, *Descrizione delle Pitture, Sculture e Architetture Esposte al Pubblico in Roma com l'Aggiunta di Quanto è Stato Fatto di Nuovo fino all'Anno Presente*, Rome, Stamperia di Marco Pagliari, 1763

TORGAL, Luís Reis, *Ideologia política e teoria do Estado na Restauração*, vol. I, Coimbra, Biblioteca Geral da Universidade, 1981

TOSCANO, Pia, *Roma produttiva tra Settecento e Ottocento. Il San Michele a Ripa Grande*, Rome, Viella, 1996

VALE, Teresa Leonor M., *Arte e Diplomacia. A Vivência Romana dos Embaixadores Joaninos. A figura e as colecções de arte de José Maria da Fonseca Évora (1690-1752)*, Lisbon, Scribe, 2015

VALE, Teresa Leonor M., 'Eighteenth-century Roman silver for the Chapel of St John the Baptist of the Church of S. Roque, Lisbon', in *Burlington Magazine*, vol. CLII, no. 1.289 (Aug. 2010)

VALE, Teresa Leonor M., *Escultura Barroca Italiana em Portugal. Obras dos Séculos XVII e XVIII em Colecções Públicas e Particulares*, Lisbon, Livros Horizonte, 2005

VALE, Teresa Leonor M., *A Escultura Italiana de Mafra*, Lisbon, Livros Horizonte, 2002

VALE, Teresa Leonor M., 'A Estátua de Nossa Senhora da Conceição da Patriarcal de Lisboa e a eleição de modelos pictóricos para obras de escultura, num texto de João Frederico Ludovice', in *Artis – Revista do Instituto de História da Arte da Faculdade de Letras de Lisboa*, nos. 7-8 (2009)

VALE, Teresa Leonor M., 'Di bronzo e d'argento: sculture del Settecento italiano nella magnifica Patriarcale di Lisbona', in *Arte Cristiana. Rivista Internazionale di Storia dell'Arte e di Arti Liturgiche*, 100, no. 868 (Jan.–Feb. 2012)

VALE, Teresa Leonor M., 'Mettere in scena il lusso le mostre di opere d'arte commissionate da Giovanni V di Portogallo in due palazzi romani (1747 e 1749)', in Elisa DEBENEDETTI (ed.), *Studi sul Settecento Romano. Palazzi, chiese, arredi e scultura*, vol. II (col. *Studi sul Settecento Romano*, 28), Rome, Bonsignori Editore, 2012

VALE, Teresa Leonor M., 'Roma em Lisboa: as artes decorativas no contexto das obras de arte enviadas da cidade pontifícia para a capital portuguesa no reinado de D. João V', *Revista de Artes Decorativas*, no. 5 (2011)

VALE, Teresa Leonor M., 'Roman baroque silver for the patriarchate of Lisbon', in *Burlington Magazine*, vol. CLV, no. 1.323 (Jun. 2013)

VALE, Teresa Leonor M., *Scultura barocca italiana in Portogallo: Oper, artisti, committenti*, Rome, Gangemi Editore, 2010

VALE, Teresa Leonor M., ' "Só para ostentação da magestade, e grandeza". Aproximação à encomenda de ourivesaria barroca italiana para a basílica de Nossa Senhora e Santo António de Mafra', in *Revista de Artes Decorativas*, no. 2 (2008)

VALE, Teresa Leonor M. (nt.), *A Capela de S. João Batista da Igreja de S. Roque. A encomenda, a obra, as coleções*, Lisbon, Imprensa Nacional Casa da Moeda – Santa Casa da Misericórdia de Lisboa, 2015

VALE, Teresa Leonor M. (ed.), *From Rome to Lisbon. An Album for the Magnanimous King*, Lisbon, Santa Casa da Misericórdia de Lisboa – Scribe, 2015

VARIGNANA, Franca (ed.), *Il Tesoro di San Pietro in Bologna e Papa Lambertini*, Bologna, Minerva Edizioni, 1997

VERITÀ, Marco, 'La tecnologia vetraria veneziana e i contenuti dell'opera', in Luigi ZECCHIN (ed.), *Il ricettario Darduin: un codice vetrario del Seicento trascritto e commentato*, Venice, Arsenale, 1986

VITERBO, Francisco Marques de Sousa, and R. Vicente d'ALMEIDA, *A Capella de S. João Baptista Erecta na Egreja de S. Roque. Fundação da Companhia de Jesus e Hoje Pertencente à Santa Casa da Misericordia. Noticia Historica e Descriptiva,* Lisbon, Livros Horizonte, 1997 (1st edition 1900)

第 173 页
马赛克地面（局部细节）
（参见图 26）

第 174 页
黄金圣体匣（局部细节），
已失传
（参见图 82）

第 178 页
《圣灵降临》（局部细节）
祭坛左侧墙壁上的马赛克
拼贴墙面
（参见图 22）

作者简介

安东尼奥·菲利佩·皮门特尔（第一部分、第二部分第 1 章）

先后获得艺术史学士学位（1985）、硕士学位（1991）和博士学位（2003）。葡萄牙科英布拉大学文科部教授，科英布拉人学考古学研究中心研究员，波尔图艺术跨学科研究中心研究员。2010 年起担任葡萄牙国立占代艺术博物馆馆长。

卡洛·斯特凡诺·塞勒诺（第二部分第 2 章）

先后获得罗马第一大学艺术史学士学位（1989）、罗马中央修复研究所资深修复技术专家资格(1987)。自 2005 年起于卡拉布里亚大学教授修复理论与历史课程。

曾负责壁画、雕塑和马赛克等领域的多项保护和修复工程，并著有多部关于艺术科技、保护和艺术史领域的专著和论文。

特蕾莎·莱昂诺尔·M. 瓦莱（第二部分第 3 章、第 4 章，第三部分第 1 章、第 5 章）

先后获得艺术史学士学位（1989）、硕士学位（1994）和博士学位（1999）。担任里斯本大学艺术与人类学院教授，同校艺术史研究中心研究员。

著有多部艺术史领域的图书和论文，特别是巴洛克艺术和文化领域，作品在葡萄牙、西班牙、法国、意大利和英国等国出版。

玛格达·塔西纳里（第三部分第 2 章）

1975 年获热那亚大学文学学士，1978 年至 1981 年间修读目录学文化遗产项目专业技术课程，1983 年修读热那亚大学艺术史专业，1989 年获艺术史教师资格。

1981 年至 1992 年间任职于利古里亚区博物馆管理部，1992 年至 2011 年间在萨沃纳奇亚布雷拉学校担任艺术史教师。著有多部关于利古里亚区艺术史、刺绣与织物历史的论文和专著，作品在意大利和葡萄牙均有出版。

玛丽亚路易莎·里奇尼（第三部分第 3 章）

1988 年获得米兰国立大学学士学位。1993 年起担任艺术专业中学艺术史老师，2001 年起担任米兰语言和传播自由大学时装和当代时尚史相关课程和研讨会的联合撰稿人，2006 年起担任米兰马朗贡尼研究所的服装和时尚史讲师。著有多部关于蕾丝和刺绣历史的书籍和论文，为意大利多家博物馆编纂过蕾丝和刺绣藏品目录。1994 年起担任科莫国际蕾丝双年展的顾问。

玛丽亚·德法蒂玛·雷森德·戈梅斯（第三部分第 4 章）

先后获得卡托利卡大学哲学学士学位（1984）、阿威罗大学中国学研究生学位（2000）。阿茹达图书馆资深技术专家。

克里斯蒂娜·平托·巴斯托（第三部分第 4 章）

里斯本技术人学历史学士学位（1989），同校档案学研究生学位（1993），阿茹达图书馆馆长（2005—2012）。阿茹达图书馆资深技术专家。

图片资料来源

第一部分

Archivio Fotografico della Fondazione Torino Musei, Turin (fig. 5)

Biblioteca da Ajuda, Lisbon (fig. 6)

Biblioteca Nacional de Portugal, Lisbon (figs 2, 7)

Cintra & Castro Caldas, L^{da}. (fig. 1)

DGPC/ADF (Coord. – Alexandra Encarnação. Inv. – Tânia Olim. Ed. – Alexandra Pessoa, Luísa Oliveira and José Paulo Ruas): Luísa Oliveira, Alexandra Pessoa (fig. 4), José Paulo Ruas (fig. 3), Vítor Branco (fig. 8)

第二部分 第1章

Antonio Gentile - Soprintendenza BAPSAE Caserta e Benevento (figs 9, 17)

Cintra & Castro Caldas, L^{da}. (fig. 16)

DGPC/ADF (Coord. – Alexandra Encarnação. Inv. – Tânia Olim. Ed. – Alexandra Pessoa, Luísa Oliveira e José Paulo Ruas): Luísa Oliveira and Alexandra Pessoa (figs 13-15)

Fototeca da Soprintendenza Speciale per il PSAE e per il Polo Museale della Città di Napoli (figs 10–12, 18)

第二部分 第2章

Cintra & Castro Caldas, L^{da}. (figs 19–23, 26–29)

DGPC/ADF (Coord. – Alexandra Encarnação. Inv. – Tânia Olim.

Ed. – Alexandra Pessoa, Luísa Oliveira and José Paulo Ruas): Pedro Ferreira (fig. 24)

Soprintendenza Speciale per il Patrimonio Storico, Artistico ed Etnoantropologico e per il Polo Museale della città di Firenze (fig. 25)

第二部分 第3章

Beaux-arts de Paris/prise de vue Jean-Michel Lapelerie(figs 32, 34, 36, 38, 41)

Cintra & Castro Caldas, L^{da}. (figs 30, 31, 33, 35, 37, 39, 40, 42–44)

第二部分 第4章

Beaux-arts de Paris/prise de vue Jean-Michel Lapelerie(figs 46, 49, 51, 55, 57)

Cintra & Castro Caldas, L^{da}. (figs 45, 47, 48, 50, 52–54, 56, 58)

第三部分 第1章

Beaux-arts de Paris/prise de vue Jean-Michel Lapelerie(figs 59, 62, 64, 69, 71, 82–84)

Cintra & Castro Caldas, L^{da}. (figs 60, 61, 63, 65–68, 70, 72–81)

第三部分 第2章

Cintra & Castro Caldas, L^{da}. (figs 85, 88–94)

Núcleo de Audiovisuais e Multimédia da SCML: Carlos Sousa

(fig. 87)

Servizio fotoriproduzioni, Museo di Roma – Roma Capitale, Sovrintendenza Capitolina ai Beni Culturali (fig. 86)

第三部分 第3章

Archivio Fotografico della Fondazione Torino Musei, Turin (fig. 97)

Archivio Segreto Vaticano, Vatican (fig. 100)

Cintra & Castro Caldas, L$^{da.}$ (figs 96, 98, 99, 101, 102)

Fondazione Principi di Vicovaro, Rome (fig. 95)

第三部分 第4章

Cintra & Castro Caldas, L$^{da.}$ (pp. 148–149, figs 103–106, 108–110)

Cristina Pinto Basto/Biblioteca da Ajuda, Lisbon (fig. 107)

第三部分 第5章

Cintra & Castro Caldas, L$^{da.}$ (figs 111–112)

鸣谢

Biblioteca da Ajuda, Lisbon（里斯本阿茹达图书馆）

Biblioteca Nacional de Portugal, Lisbon（里斯本国家图书馆）

Direção-geral do Património Cultural, Lisbon（里斯本文化遗产总局）

École Nationale Supérieure des Beaux-arts, Paris（巴黎国立高等美术学校）

Fondazione Principi di Vicovaro, Rome（罗马维科瓦罗亲王基金会）

Fondazione Torino Musei, Palazzo Madama – Museo Civico d'Arte Antica, Turin（都灵夫人宫-古代艺术市民博物馆）

Museo di Roma - Roma Capitale, Soprintendenza Capitolina ai Beni Culturali（罗马博物馆-罗马首都文化管理总局）

Soprintendenza BAPSAE Caserta e Benevento（卡塞塔和贝内文托省考古美术和景观管理总局）

Soprintendenza per il Patrimonio Storico, Artistico ed Etnoantropologico e del Polo Museale della città di Napoli, Naples（那不勒斯市保罗博物馆管理总署历史、艺术和民族遗产管理处）

Soprintendenza Speciale per il Patrimonio Storico, Artistico ed Etnoantropologico e per il Polo Museale della città di Firenze, Florence（佛罗伦萨市博物馆管理总署历史、艺术和民族管理处）

图书在版编目（CIP）数据

里斯本圣罗克博物馆中的圣约翰礼拜堂／（葡）特蕾莎·莱昂诺尔·M.瓦莱编著；王秀莉译．—上海：上海三联书店，2022.1
（伟大的博物馆）
ISBN 978-7-5426-7617-7

Ⅰ．①里… Ⅱ．①特… ②王… Ⅲ．①教堂—介绍—葡萄牙 Ⅳ．① B977.552

中国版本图书馆 CIP 数据核字（2021）第 235827 号

著作权合同登记号　图字：09-2021-0971 号

里斯本圣罗克博物馆中的圣约翰礼拜堂

编 著 者／〔葡〕特蕾莎·莱昂诺尔·M.瓦莱
译　　 者／王秀莉
责任编辑／程　力
特约编辑／肖　瑶
装帧设计／鹏飞艺术
监　 制／姚　军
出版发行／上海三联书店
　　　　　（200030）中国上海市漕溪北路331号A座6楼
邮购电话／021-22895540
印　　刷／天津丰富彩艺印刷有限公司
版　　次／2022年1月第1版
印　　次／2022年1月第1次印刷
开　　本／787×1092　1/16
字　　数／184千字
印　　张／11.25

ISBN 978-7-5426-7617-7/J·353
定　价：99.80元